# Student-centered Inquiry Learning Model

# 以学生为中心的
# 探究学习模式

［美］凯瑟琳·斯奈德（Catherine Snyder）
段遐（Sherri Duan）
帕特里夏·兰德（Patricia Rand）
理查德·拉塞尔（Richard Lasselle）等 著

冯智勇 译

段遐（Sherri Duan）审校

U0117234

源于著名的探究式教学方法
适用于所有学科与年级

**7**

个步骤

让教学更生动

让学习更主动

上海教育出版社
SHANGHAI EDUCATIONAL
PUBLISHING HOUSE

# 前 言

*Preface*

本书由一群从事教育多年、有着丰富课堂教学经验的优秀教师和专家共同完成，其主要目的是帮助教师在日常教学中熟练地运用探究式教学方法。

21世纪的教学现实对学校与教育工作者提出了变革的要求，而探究学习模式正符合当前的教学需要，它创造了一个以学生为中心的学习环境。如今，面对学生日益增长的对高素质教育的需求，教师不仅要着眼于基础教育，还需要在协作精神、批判性思维和沟通能力上给予学生有效的指导，从而进一步提升学生的综合能力，而这两方面之间往往存在冲突。因此，教师如何帮助学生更好地独立思考与自主学习，如何开发学生的自我认知能力，就显得尤为重要。

本书介绍的教学模式是作者多年来在教学实践中相关经验的积累和总结，在帮助学生成为具有批判性、原创性思维能力的人才方面产生了积极的影响。这种方法的核心是学生能够在教师的引导下对一系列问题进行探索，并在探索未知的过程中学到更多的技能和解决问题的策略，从被动学习转变为积极、主动、合作地学习。

这种方法源于21世纪60年代芝加哥大学理查德·萨奇曼（Richard Suchman）教授所提出的模型，并且在初级科普教育中广为使用。本书对萨奇曼教授的某些原有想法进行了提升与扩展，以期发展出适用于不同学科与年级的全面性的探究学习模式（Inquiry Learning Model, 简称 ILM）。作者分别来自不同的学术领域（科学、历史、数学、语言和特殊教育），他们把 ILM 教学方法应用于各自的课堂，积累了丰富的实践经验，取得了不凡的成绩。

　　本书先介绍什么是探究，然后对探究学习模式进行详细阐述。书中呈现了大量的教学课例，涵盖了历史、科学、英语、数学、对外汉语等不同的学科。本书旨在帮助那些开发新课程的教师，课例的相关内容可为教师们直接使用。

段　遐

2023 年 4 月

# 目 录

Contents

## 第四讲　以学生为中心的差异化教学方式

## 第五讲　探究学习模式课例

## 参考文献　　　　　　　　　　　　　　　...118

# 第一讲

## 什么是探究

# 以孩童为观察对象，开启对探究学习方式的了解

你有没有观察过婴儿是如何学习的？那绝对是一个有趣的过程。婴儿不会阅读，不会打字，更不会上网查询；他们还不会说话，所以也无法使用电话语音助手（OK Google 或 Hi Siri）；他们也不会制作工作表，更不可能去听讲座；但是他们无时无刻不在自我学习并成长，他们是如何做到的呢？如果你有机会认真观察婴儿的学习过程，你会发现他们就是通过探究来学习的。探究学习方式是合乎自然、操作简单、任何人都可以运用的学习方法，如果运用得当，这种方法将非常有效，甚至可以运用于科学研究。如果艾萨克·牛顿当时拿它作为研究工具，可能会作出更大的贡献。

当我的大儿子强纳森还是婴儿的时候，我正好有机会看到他是如何学习认知周围世界的。有一天，他如同其他婴儿一样，胡乱地挥舞着手臂。突然，他把自己的手放在眼前，聚精会神地盯着看了好几分钟。当手不经意地挥向别处离开视线后，他开始哭喊。我想他应该是看到了自己的手，但还不清楚是谁在移动它，以及它是如何移动到眼前并从眼前移开的。

之后的几天，我发觉强纳森在不断重复这个动作——挥舞着手臂，让它离开视线。每次一看到手的时候他就非常激动，好像在说"我以前看到过你"，随后激动得手舞足蹈，直到它从视线中消失。终于有一天，我发现他已经意识到自己是手臂的主人，如果他想看看自己的手，他会有意识地把手移到眼前。

尔后的日子里，他继续着自己的手舞足蹈。当他的手和嘴接触以后，你会兴奋地发现小孩子开始满足地吮吸自己的手指。和以前一样，他很快就开始有意识地控制自己的手臂，在他想要的时候自然而然地把手放入口中。但是我很确定强纳森不认为自己看到的和

放入口中的是同一样东西。然而几天后，我惊奇地发现他先把手举到眼前看了看，然后将手放入口中，那一刻我意识到他已经真正认识并且可以操控自己的手了。

非常值得注意的是，强纳森认识自己的手并没有任何人教他，也没有制作过一张工作表。他靠的是自身固有的好奇心和自我探索，仅此而已。

我的另一个儿子大卫，记得他在 18 个月大的时候非常爱吃葡萄干，对他而言，葡萄干就像糖果一样有吸引力。某天，他从房间较远的一侧看到一盒放在厨房台面上的葡萄干。此时，我正好坐在桌子边上，并有幸目睹了整个过程。当发现台面上有葡萄干时，他立马走向了目标。但是因为他太矮，而葡萄干又放在台面靠里的位置，他走到目标的下方，完全看不到葡萄干的盒子。因为看不到葡萄干，他不一会儿就忘记了初衷，又开始去忙活其他事情。当他再次从房间的另一侧看到台面上的盒子时，他像是记起来还有事要做，马上又进行第二次尝试。由于个头较小，他怎么也碰不到盒子的边缘——即便不停地踮起脚，重复着先退到远处观察再上前尝试的过程。毕竟他当时只有 18 个月大（我非常怀念那段时光，现在他已经 21 岁，是一个比我还高出 15 厘米的大男孩了），然而就是这 18 个月大的小男孩随后做出了让我惊叹的事情——我注意到他从儿童厨房玩具中拿出一把小椅子，把它推到柜台边，然后试着爬上椅子去够葡萄干的盒子。第一次，椅子的位置太偏右，他马上摆正了椅子的位置，这次他成功了。我确信对他而言这次的葡萄干会格外甜。

显而易见，大卫不会上网查询，也没有任何手册来指导他如何行动（拿到并吃到葡萄干），更没有老师的教导，他有的仅仅是决心和聪明，以及持续地探索。

在我的小女儿斯坦芬妮 2 岁半的时候，她和我的妻子在家里玩儿童厨房玩具（那是她 2 岁生日的时候我送给她的礼物）。当时她正在举办一个虚拟茶话会。她向我的妻子要了一些真的水倒入茶壶中。作为母亲，我的妻子做了两件最正确的事情：首先，她马上倒了一些真的水给斯坦芬妮；其次，她立刻取来了数码录像机。于是我们就有了一组 30 分钟的视频，它记录了我女儿在厨房玩水的整个过程：她用茶壶把水杯注满，再把水倒回壶中，整个过程中她喝了一点也弄洒了一些水，但并没有忘记以主人的身份招呼两位客人（泰迪小熊和洋娃娃）。半小时后，茶壶和杯中已经没有什么水了，因为都被她洒到地板上啦！那天她学到了很多东西，比如有关容积和重力的知识，更重要的是她认识到地板被水弄湿后是多么的滑。

值得注意的是，她的整个学习过程并不是从课本中得到的，而是通过自我发现和探索，这一点至关重要。

如果我没有分享我最小的孩子贾里德的趣事，我会感到非常遗憾。那是他一二年级时候的事情，那时他刚开始学习数组矩阵。鸡蛋盒是矩阵学习最好的实例（6 枚装的鸡蛋盒是 2×3 数组矩阵的典范），学习数组矩阵的目的是为学习乘法做准备。老师叮嘱贾里德在家里找到一个含有数组矩阵的物品，计数并记录它的长宽数据，以便第二天在课堂上展示给大家看。当然，鸡蛋盒是最简单明了的实例：它的长度是 3 格，宽度为 2 格，鸡蛋总数为 6，贾里德所得出的正确结论就是 2×3=6。

鸡蛋盒是矩阵学习最好的实例

当时我正在批改学生作业，贾里德在我旁边研究着从客厅里拿来的国际象棋棋盘，我发现他用棋盘矩阵解出 8×8=64 是一个很有趣的过程。以下就是他解开算题的整个过程。他首先跳过两行，同时自言自语道："16。"然后他从第三行开始数："17，18……"他很快数到了第五行"40"。接着他跳过第六行直接说"48"。他从第七行起犯了一个错误："50。"第七行结束时他数到 57 就停了下来。"这个数字不对。"随后他从第七行重新开始，这次他从 49 开始数，很快得出正确的结果是 64。当然，整个过程从开始到结束，我一直看着并未出声，因为我不想打断他自我探索学习的过程。随后我问了他几个问题：

"贾里德，为什么你跳过前面的两行并且从 17 开始数？"

"因为我已经在学校里数过，知道 2 乘 8 的结果是 16。"

"那为什么你又跳过第六行，直接从 40 跳到 48 往下数？"

"因为 40 加 8 是 48。"

"当你数到第七行结尾得到结果为 57 的时候，你是如何发现这个数字不对的？"

"哎呀爸爸，那个数字肯定不对，因为它是奇数。"

我们可以发现，仅仅是在家庭作业中做了一个简单的变化（增加一项选择内容）——任意选择一个有挑战性的实物作为数组矩阵的学习模型，就为贾里德打开了一扇探索之门。这个结果和过程并不在老师的计划中，对于贾里德这个年龄段的学生而言，

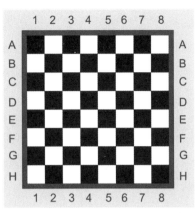

国际象棋棋盘由纵横各 8 格、颜色深浅交错排列的 64 个小方格组成

这样的学习结果肯定是超出了老师的预期的。然而对于充满了机会的探究课程（即探究式教学课程，也是后文提到的探究学习模式课程）而言，这是非常普遍、正常的现象：学生可以从所提供的材料中学到更多的内容。用一个词来描述贾里德的所作所为，我喜欢用"抓牢"（或者是"围绕"）这个词。如果课堂上能为孩子们时刻提供这样的机会作为教学中心，学生就会牢牢地抓住课程主题和材料；这也意味着围绕课程主题进行更多的思考、更多的讨论，以及更多的自我探索。当然这需要学生投入更多的时间和精力，但学习所带来的回报也是有目共睹的。

## 重造轮子：关于探究基础课程效率的探讨

让我们认真地思考一下"重造轮子"这个具有重要含义的短语。重造轮子（Reinventing the wheel）指重新创造一种已有的或早已被优化过的基本方法，此用语常出现在软件开发或其他工程领域。作为教学与学习目的，"重造轮子"反而是重要的方法，即通过重新研究的过程让学习者领悟应用这项技术或方法的精髓。不同于应试教育只是片面期待学习者能迅速完美地应用技术及方法，"重造轮子"的核心在于并不直接向学习者提供最终结论或关键方法，而是通过一步一步引导，让学习者自行完成其中重要的步骤，进而理解这项技术或方法的逻辑思维。

在教育领域已经有许多现成的关于如何教学的课程，它们通常都是以教师为主导的。许多教师会说：既然有如此多现成的课程，为什么我还要重新学习一套新的方式呢？好吧，我告诉你：尝试探究这种区别于传统的教学方式是一件非常值得做的事情。无论何时何地，我们都应该勇于尝试用新的方式去思考和解决问题。更多关于尝试探究教学的优势，你可以从理查德·费曼（Richard Feynman）的书《发现的乐趣》（The Pleasure of Finding Things Out）中找到答案。通过自身的思考和探索去发现答案和真相是一个多么美妙的过程，我非常希望学生能够获得同样的体验。

我知道大多数教师其实并不反对探究学习模式，只是很少有人去付诸实践。事实上，以探究学习模式为中心的教学方式完全可以让学生高效地运用课程中所有的材料，成功地达成预期的学习目标，并取得全面、丰硕的学习成果。关于探究学习模式的一些错误观念和理解上的误区阻碍了教师在实际教学中去尝试这种方法，其中一个主要的误解是低效率，另一个则是参与探究学习模式课程的学生都需要有一定的知识背景。但以上两种误解其实都是非常不正确的。

我们以本校一位数学老师的某次教学为例来说明关于探究是低效率的这种说法是完全错误的。我曾成功地运用探究式教学方法帮助他课堂上的一个女生快速地完成数学练习。这个学生在对圆锥体表面积公式的理解和运用上存在一些困难，于是我拿来一张卡片，将它剪成一个圆形，并且切掉其中的一角。这样余下的部分可以很容易地被折成一个圆锥体，并且简单明了地解释了圆锥体表面积公式的由来。我们一起探讨了大约十几分钟，随后我问她之前是从哪里得到这个公式的，她回答是老师告诉她。通过这次探讨，她已对计算公式的来龙去脉有了充分的理解，确信能够轻松应对她的家庭作业。接下来我做了一件可能不太合适的事情：我走到那位数学老师面前，展示了我剪的圆锥体模型以及如何用它推导出圆锥体表面积公式（$S_表 = \pi r^2 + \pi rl$）。这位数学老师随后是这样跟我说的："太简单明了啦，我也应该在课堂上这么做！"这绝对不是一位具有探究教学理念的老师会给出的回答。他应该早点在课堂上腾出时间来做这些，我仅仅花了十几分钟，我相信推广到整个班级 25 分钟绰绰有余，而这换来的将是学习效果的大大提高，这个时间花得太值了。

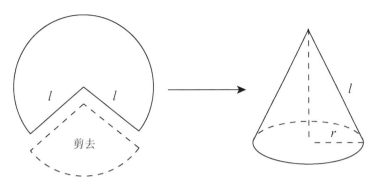

利用圆锥体模型推导圆锥体表面积公式

许多教师图方便，常常说没有时间实施探究教学。而我总共有四个孩子，每个都学习和了解了关于 π（圆周率）的知识，但没有任何一个被要求从与圆形相关的材料中，运用各种测量工具，通过探索和演算找出直径和圆周之间的关系。他们只是被告知 π 就是一个约为 3.14 的数值。

我不是一个认为任何事情都只有一种解决办法的人，我一直认为大多数问题都存在多种解法。但是如果回到有关 π 的教学，我只能如实地回答：就是不能只简简单单地告诉学生 π 约等于 3.14。

## 探究就如同重新发现牛顿定律一般，是另一种思维模式

探究是一种思维模式，为更好地创建以探究为基础的课程，你需要跳出传统教学模式的框框。我们大多数人是从读幼儿园开始接受教育的，并且从中获益匪浅，因此一提到教学，首先出现在脑海中的就是我们从小接受的教育方式。大部分新教师则认为教学主要是一种通过讲授来告诉学生知识和信息的行为，学生看似在一段时间内接受并记住了这些信息，其实不然。好的教学方式并不是站在讲台上授予学生信息，而是为学生提供自己学习成长的机会。

我的经验告诉我，仅仅用探究学习模式，辅以与传统教学中数量相当的材料和工具就可以教完任何一门完整的课程。因此，探究教学是低效的且需要更多投入这种说法本身就是一个错误观念；通过这种方式告诉学生数学公式的来龙去脉可能会多花一点时

间，但是相比只简简单单地告知学生一个结果，学生最终的获益会更多、更持久，是绝对值得的。

在物理课程中，学生常常先上理论课再通过做实验来证明。我要说的是：顺序反了！而我常常会借鉴"重造轮子"的模式，从另一个角度来思考：参考艾萨克·牛顿得到答案的方式。我要求学生通过一系列物理实验，即通过这些牛顿也曾做过的实验，学习分析实验的结果，最终自己得出物理定律。这种方式不但使学生学到了同样的内容，而且展示了科学理论得出的过程。在这样一种探究课程中，我通常会设计一些让学生参与实践的实验内容或课堂活动。它们可能是一个跳板、一些可以拉动的小车、利用泡腾原理制作的瓶子火箭，也可能是一个钟摆或运动传感器等。学生完成这些实践活动着实花了不少时间，每个小组都认真搜集并记录数据，分析和回答一些问题，并从中找出内在的联系，最终得出结论或答案。需要注意的是每个实验内容的设计应基于"作用力和运动的关系"，并且在学生处理实验结果前要准备一些相关的问题来引导他们思考。举个例子：在运动传感器的实验中，学生首先按照要求移动运动传感器，然后根据运动传感器的数据实时地绘制出与运动相关的图像。而我准备的相应问题包括"你如何从位置－时间的二维图像中判断出物体是前进还是后退？""你如何根据速度－时间的图像判断出物体移动的方向？"以及"从这两个图像中你能否判断出物体移动的快慢？"。

这一系列实验内容主要是为了让学生通过实验数据来发现运动的两大定律，即牛顿第一定律和牛顿第二定律。牛顿第一定律的内容是：一切物体总保持静止状态或匀速直线运动状态，直到有外力迫使它改变这种状态。牛顿第二定律的内容是：物体在合外力的作用下会产生加速度，加速度的方向和合外力的方向相同，加速度的大小与合外力的大小成正比，与物体的惯性质量成反比。从这些年来的实验反馈中，我注意到要让学生仅仅通过这些实验来达到我所期望的结果还是有一定的困难。我花了一些时间去发掘问题的所在，后来发觉主要原因是学生对"加速度"这个概念还不够了解。为帮助学生更好地得出实验结论，我必须把"加速度"的定义解释得更清楚。对于作用力使运动的物体停止，学生没有什么异议，而对于作用力使物体产生加速度，他们需要多转几个弯才能理解。

以下这个例子充分说明了我的一个主要观点：这类探究课程的关键是实验活动的设

计。作为一名实施探究学习模式课程的教师，首先需要考虑的是实验活动而非讲课内容。探究学习模式课程是通过精心设计的实验活动让学生从实验中得到结果或数据，再借助对问题的讨论引导他们自主得出结论或解决问题；而传统教学是通过精心准备的讲课内容告诉学生结果或论证过程。一个是主动探索，一个是被动告知，其中的区别显而易见，效果也天差地别。由于此例要让学生对加速度形成一个较为直观深入的了解，因此我特地做了一个加速度探测器，它的原理很简单，制作也挺方便——其实它就是一个注满了水并倒置的汽水瓶（如右图所示），瓶中有一块悬浮的软木塞被线绳固定在瓶盖内侧，需要调整线绳长度保证软木塞在瓶子正中间。当不存在加速度时，软木塞悬浮于瓶子正中间并保持静止状态；当存在加速度时，软木塞偏离中心位置并指示出加速度的方向。我并没有告诉学生具体的工作原理，只说了有无加速度的基本现象，随后我准备了一串问题——这些问题主要针对

教师自制的加速度探测器

学生普遍认为加速度仅仅是指速度快速上升。我要求学生观察探测器在七种不同运动方式下的变化，记录软木塞的不同位置，从而判断哪些状态表明存在加速度。以下是对实验结果的归纳：

（1）保持静止状态：软木塞处于中心位置，表示此时不存在加速度，这个符合一般规律，没有异议。

（2）由静止开始移动：软木塞向前，偏离中心位置仅 1 秒，物体由静止开始移动就是一个加速过程，是速度的上升，所以理解上也没有分歧。

（3）匀速运动：软木塞处于中心位置，匀速运动没有加速度，这个也较容易理解。

（4）由运动转为静止：一旦由运动变为静止，软木塞就指向原来运动的反方向，马上又回到中心位置。这个现象是学生没有预料到的，因为大多数人仅仅把加速度理解为速度的加快，然而刚刚观察到的结果颠覆了他们原来的认知，于是具有开放性思维的学生马上会领悟到速度由 Vt 变为 0，即停止，其实也产生了加速度。当然也有一些学生固守错误的

概念，认为只有速度加快才会产生加速度，减速或由运动转为静止的过程不存在加速度，因为速度是减缓的。

（5）加速运动：当速度持续增加时，软木塞偏离中心位置，表示存在加速度，一旦进入匀速状态，软木塞马上回到中心位置。

（6）减速运动：当速度减小时，软木塞偏离中心位置并指向你所在的方向，说明存在加速度。

（7）改变方向：软木塞偏离中心位置并指向你转的方向，因此转向也存在加速度。

通过上述实验活动和结果归纳，学生会对加速度形成深入的认识：任何引起速度变化的运动都会产生加速度，其中不仅包括速度大小的变化，还包括速度方向的变化。基于这一认识，他们将更快地理解为什么作用力会使物体产生加速度。

如果你想开展探究教学，你必须时刻牢记"我能提供什么样的体验来帮助学生更好地学习"。注意了，是体验，主角是学生，是教师帮助学生获得体验。所以，要想成为一名熟练运用探究式教学方法的教师，你首先要树立这个观念。本书的目的就是帮助你迈出第一步，让我们一同开始尝试吧！

# 第二讲

# 为什么要在课堂上
# 运用探究学习模式

# 为什么学生提问相当重要？

当前中学教师正面临着前所未有的巨大挑战：既要指导学生运用挑战性思维，懂得团队合作，学会有效沟通，又要让他们在传统的理论知识考试中取得优异的成绩，两者必须兼顾。而现实是先进的教学理念和更高层次思维方式的教学还没有被纳入传统的考试或测验中，现在的考试还停留在基础的读写、知识点记忆、阅读理解等。对教师的考核也仅仅根据学生在这些考试中取得的成绩来评定，这就给教师进行新的教学尝试带来很大阻力。

因此，首先需要解决的问题是：教师如何将两种需求合二为一，做到统筹兼顾？如何在达到标准考核要求的同时，兼顾挑战性思维的教学？

> 探究学习模式为满足这两种需求提供了很好的解决方法。

本书推荐并提供了一种很好的教学模式，这种模式称为探究学习模式，简称 ILM。它可以辅助教师同时关注教学内容和学习者能力。本书并不要求教师从始至终仅仅使用探究学习模式进行教学，只是推荐并帮助教师在基础课程教学中运用这种模式，运用的频率和程度完全取决于教师和学生的适应情况，没有任何强制性。

这种模式普遍适用于各个学科，产生的结果因教学内容不同而略有差异，但结果的有效性和可行性是毋庸

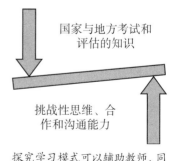

国家与地方考试和评估的知识

挑战性思维、合作和沟通能力

探究学习模式可以辅助教师，同时关注教学内容和学习者能力

置疑的。对于探究学习模式的实施细节,我们会在本书第三讲中具体介绍。简单来说,探究学习模式就是由教师组织,通过一系列精心设计的提示和线索,让学生自主探索学习的方式。教师在组织的同时还需要把控提示和引导的时机与顺序,其他方面则都以学生自己主导为中心。每个学习小组在得到一个提示或一条线索后,需要根据这个条件提出一串以"是"或"否"为答案的问题。

坚持要求学生根据提示内容准备提出的问题,且这些问题只能得到"是"或"否"的答案,这一步骤至关重要。通过这个方法,教师将学习和认知的主动权交还给学生,从而让学生从被动告知转变为主动投入,这个步骤就是探究学习模式的关键所在。

> " 坚持要求学生起草准备以"是"或"否"为答案的问题,这是一个关键的步骤。通过这个方法,教师将学习和认知的主动权交还给学生。"

在人文社科类学科中,涉及探究学习模式的课程会更复杂一些,因为其课程内容中包含大量的跨学科知识以及答案的非唯一性。然而在科学、数学等课程中,其复杂性主要体现在对寻找答案过程的清晰论证及其基础原理上。同样,在外语和历史教学中,对于特定的语法与特殊的历史事件,探究学习模式需要更多较复杂、深入的提示内容和焦点问题。值得注意的是,虽然这种模式适用于各个学科且成果卓越,但如何实施以满足学生的学习需求完全取决于教师的选择。

## 探究学习模式到底说的是什么?

本书所介绍的模型和课例能够有效地帮助教师通过切实可行的探究学习模式将基础知识及挑战性思维、合作能力、沟通技巧等成功地传授给学生。

真正的探究教学是一门系统的课程,学生可以基于对多种资料或素材(如地图、实物、文献资料、新闻报道等）的理解和研究，得出多角度、深层次的结论和观点。在"探究"这个词前面加上"真正的"是为了表明这种课程设计的专业性、有效性。本书中的相关素材和对文献资料的分析与解读都来自各行各业的精英人士，是他们从专业角度根据自身的知识和经验综合分析后得出的，其中不乏科学家、统计学家、历史学家、作家、专业研究人员、政策制定者、教育家和律师等。

从事科学教育的教师很早就认识到探究式教学方法（或称真正的探究）的重要性，如施伦克（Schrenker, G., 1976）、施瓦布与布兰德温（Schwab, J. & Brandwein, P., 1962）、萨奇曼（Suchman, R. J., 1962）这些教育界人士。经过精心设计的科学学科的课程往往围绕着实验活动展开，很大程度上与真正的科学家采用的实验方法类似，学生可以通过这类方法更好地学习和研究不同的科学概念和知识。

充分的事实表明，探究式教学方法在科学领域的教学中不仅高效，还具有很大的吸引力，适用于不同的学生人群，具体的例子可见本讲最后。在科学学科的教学过程中，探究通常会选用实验室中所采用的形式，学生在实验室中会按照预先设定好的流程进行操作，所以探究学习模式也有一套步骤流程。教师和学生先按照这套预设的模式去尝试，一旦充分理解和熟悉了这种方式，其模型就可以推广到所有学科的教学中；而且这是一种非常有效的教学工具，能够帮助学生在各种不同环境下获取信息，并且较深入广泛地理解教学内容。作为一名从事

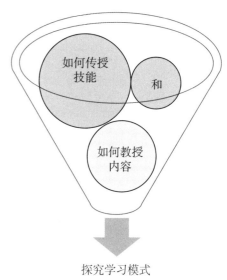

探究学习模式是一种有效的教学工具

科学教育的专家，洛林·格罗斯莱特（Lorraine Grosslight, 1991）指出：这是教学模型中一种较为典型的方式，是将需要学习的内容与模型中的结构——对应并将其融入模型中，是非常有效的教学工具，能够有效帮助学生在学习过程中更深入广泛地理解所对应的课程主题与内容。而本书所介绍的探究学习模式就是这样一种工具，能够帮助所有学习者和研究

者更深入地理解所要研究的主题，同时可以被应用于不同的学习环境。最后，这种工具还能辅助教师在教学中对教学内容和学习者能力做到统筹兼顾。

　　本书中的一个课例就能充分证明这一点，该课例介绍了亨丽埃塔·拉克斯身上发生的故事，不仅与疫苗、癌症、遗传学和医学有关，也与生物学有联系。具体来说，这个课例通常涉及高中生物课程的内容，特别是最常见的基因链，并且是中学课堂20世纪美国历史单元的一部分，重点讲述了民权运动和非裔美国人的历史。它也可以置于妇女权利、妇女生殖权利或医学伦理的背景下。如果把它放在科学或历史课堂上，则可以将主题与医学伦理学联系起来。在人文社科类课程或英语语言艺术课程（ELA）的课堂上，可以将侧重点放在20世纪中期美国社会中弱势社区和种族群体所扮演的角色上。

　　该课例以探究学习模式为分析工具，使学生不但能充分理解生物学、遗传学和医学的复杂性，而且能举一反三地将探究学习模式运用于对类似复杂情况的分析和研究——以课例中呈现的内容为模板，将其放在关于民权运动和非裔美国人的历史或医学伦理的背景下进行分析和研究，从而对此类事件背后的深层次原因形成较全面的理解。在探究教学和学习实践过程中运用探究学习模式，能够有效地帮助学生抓住课程的要点，同时能够拓宽学生的视野，让他们能够从更宏观的角度去思考问题，得到有深度的答案。运用探究学习模式的教师还可以将学生整个学期中已经得出的答案和概念应用到相关的新课程教学中，加快学生学习的进程。

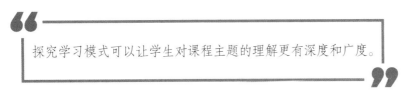

探究学习模式可以让学生对课程主题的理解更有深度和广度。

　　需要特别指出的是，可以采取许多不同的方式来运用探究学习模式（在第三讲中会着重介绍将探究学习模式用于教学的具体步骤）。教师既可以运用简化版的探究学习模式作为介绍和预习的工具，也可以将完整的探究学习模式运用于较复杂的课程，完整的教学过程可能需要80分钟以上的时间。对学生而言，探究学习模式会为他们带来一次印象深刻的学习体验，教师也可以在课堂上与学生充分互动，建立联系。

# 教师需要根据各学科的教学大纲来教学

完全正确！无论你现在已经是一名教师还是将来要成为一名教师，你必须清楚地认识到你的课程教学一定要符合学科教学大纲的要求和学校的教学目标。对于这些重要的要求和目标，课程结果必须落实到清晰明了、可测量的指标上，你可以运用布鲁姆分类法将这些课程的指标清清楚楚地写下来，时时刻刻地落实到探究教学中。这不仅能帮助教师落实教学大纲的要求和对知识点的教学、理解、运用，还能有效提高学生的挑战性思维、沟通和合作的能力。

当开始设计一个探究学习模式教学方案时，我们往往以一个观点或一件物品作为切入点，尤其重要的是切入后如何引导学生逐步探索，直至他们掌握整个课程的教学内容并且达到预期的课程结果。

# 探究教学会不会太费时间？

本书作者丰富的教学经验和经历已经充分证明了这种观点并不正确。事实证明，我们运用探究式教学方法（特别是探究学习模式）所花费的这点时间完全是值得的，因为这种方法既提升了学生运用资料和素材的能力，又提高了他们抓住重点概念和事物本质的水平。学生会围绕课程主题运用挑战性思维质疑和分析，同时在这个过程中自然而然地将分析探讨过的材料印刻于脑海深处，这对学生的现在和将来都是一笔有用的资源（Willingham，2010）。

引导学生根据精心设计的框架、递进的提示内容进行小组讨论，并要求他们提问的答案只能为"是"或"否"，然后经过探讨找到关于课程主题的答案，这个方法非常有效，能够促进学生深入理解复杂观点、概念或模型。随着学生对这种方法的熟练运用，他们对新材料的分析、推论、总结能力会大大提高。渐进式的引导和提示将鼓励学生在分析提示内容后提出问题，并利用自己的知识去探索寻找最终的答案。在整个过程中，学生会发现并发展出一套实用的工作方式和方法。这套工作方式和方法会在课堂上不断地被测试和讨论,不断地被完善,并被运用于今后所遇到的有关复杂事件、概念、趋势和观点的分析理解中。

探究学习模式课程的关键是题材的选择,这些题材必须围绕课程的主题,是学生成功获得知识的关键。如果是历史学科,通常会选取涉及冲突、合作、激进主义等的历史事件作为课程教学的主要材料,因为在历史的长河中,这类事件往往会反复发生,那么以后再遇到类似事件就可以事半功倍,反而能节省时间。如果是数学学科,往往会以数学模型和模式认知作为首选的材料,因为它们通常是学生获得问题解决能力的关键。当教师运用探究式教学方法并精心挑选适当的题材后,学生通过探究学习模式可以更好地理解知识,并且能够举一反三地将其运用于其他主题的学习中。最后要重申一下:聪明并有选择性地实施探究教学,不仅可以节省时间,还能提高学生的学习兴趣。本书第五讲的课例就完全体现了上述要点——所呈现的是历史、数学及英语语言教学等领域的"经典题材",而且在选择这些题材时充分考虑到了不同学科之间的相互借鉴与参照。

> 探究学习模式,让学生在了解历史基本事实的同时,自发地进行更深入的思考。

## 探究教学是不是只适用于聪明的学生?

当然不是这样!下一讲就会谈到探究教学的另一个优势就是适应性(或者叫适用性)。本书作者已经对书中的课例进行了不同的测试,从普通的学生群到优秀的尖子学生群都可适用。当你在前期开发一门探究学习模式课程时,你完全可以通过对提示内容的选择来控制教学的难度和深度。在本书中,我们将通过具体的策略和方法来指导教师们针对不同的学生开发各种合适的课程。第四讲就是关于各种策略和方法的介绍,教师充分利用这一讲所介绍的内容,可以开发出适用于各层次学生的课程,使他们获得理想的学习效果。

# 专业研究机构对探究式教学方法持怎样的观点？

相关研究人员从 20 世纪 60 年代起就开始对探究模式展开调研。几十年以来，大量的事实已经说明了探究模式的正面意义，而且不断有研究机构和人员对这种模式作出高度评价，其中不少是从统计数据角度作出的。目前，很多专业研究机构都在对这个领域进行研究（运用 meta 等统计学工具等），各机构对如何看待探究式教学方法这个问题持有各种观点。下面略作一些介绍。

2010 年，一份由明纳、利维等人（Minner，D.，Levy，A.，& Century，J.，2010）发表在《科学教学研究》（*Journal of Research in Science Teaching*）上的研究报告对 138 种综合分析方法进行了总结，这些综合分析方法都是以探究挑战性思维和数据分析的教学方法为研究对象的。研究报告中提到的有关这 138 种综合分析方法的研究结果大都于 1984~2002 年陆续发表于不同的学术刊物，因此他们又用了四年时间跟踪确认后续结果是否与发表内容一致，并将这些研究成果纳入 2010 年发表的 Meta 分析[①]内容中。三位研究人员在研究分析后发现："以探究为基础的教学实践活动作用大，效果非常明显。"（474 页）另外，作者在报告（496 页）中指出："通过科学调查，发现教学中选择让学生参与主动学习的策略比传统的被动教学能取得更大的收获，学生对探讨的主题会有更深的理解和认知。"

另外一种研究的统计衡量工具是效应量，用于评估测量探究模式的价值。效应量（effect size，ES）是一种有效的统计方法，反映了变量所引起结果的变化程度，也就是说体现了变量引起的效应大小，主要通过各组之间数据平均值的比较来实现。对熟悉统计的人来说，效应量基本上等同于标准分数（Z-score）。ES 值是由两组数据的平均值差除以平均标准偏差值，两组数据一组为实验对象的数值，另一组为普通对照组的数值。一般来讲，分析人员往往会选用对照组的偏差平均值作为平均标准偏差值。以下是计算公式：

---

① Meta 分析是指用统计学方法对收集的多项研究资料进行分析和概括，通过提供量化的平均效果来回答研究的问题，希望能够找出该问题或相关研究变量之间明确的关系模式。其优点是通过增大样本含量来增加结论的可信度，解决研究结果不一致的问题。

效应量 =（实验组数据平均值 - 对照组数据平均值）/ 平均标准偏差值

ES=0.65 代表实验组的平均值比对照组的平均值高出 0.65 个标准偏差。效应量的数值为正，就表示具有正向的影响，但如果 ES ≤ 0.2，表示所观察的变量对结果产生的效应很低，或者可以将结果的变化直接归于其他影响因素。所以对 ES=0.65 的另一种解释就是实验组中达到平均分的学生的分数比对照组中 65% 的学生的分数要高。由施罗德（Schroeder）、斯科特（Scott）、托尔森（Tolson）等人组成的团队在 2006 年的一份研究报告中指出，通过 Meta 实验分析方法得出探究学习策略 ES>0.65，合作学习策略 ES>0.95。而探究学习模式正是两者的结合，是以探究为基础，让学生合作、自主地学习，从而使学习和教学达到最佳效果。

探究学习模式是探究学习策略与合作学习策略的结合

Meta 分析报告还提供了一些附加的内容：许多年后，那些接受探究教学的学生仍然保持着从各种文献资料中独立搜集、整理、论证、总结的能力，显然探究教学对学生的影响程度远远超过了传统教学方式（Chang & Mao，1998；Marx，Blumenfeld，Krajcik，Fishman，Soloway，& Geier，2004；McCarthy，2005；Wang，Wang，Tai，& Chun，2009）。2015 年，由奈利梅教育基金会（Nellie Mae Education Foundation）主导的一份具有代表性的研究报告对美国北部367所学校展开了调研，主要针对各类教学实践方式的结果进行分析，其最终结论（36页）为：相对于传统的教学方法，以学生为中心的教学方式，比如探究式教学方法，更能激发学生的积极性，使学生能够学到更多、更深的知识，对学生的影响也更持久。

研究小组在对探究学习模式教学进行测试时，目睹了被测试班级学生所展现出的异乎寻常的主观能动性、理解力、记忆力。通过对一些能力指标进行调整，探究学习模式适用于各个不同的年级。虽然那些与探究学习模式相关的专门数据尚未发表，但它们与展示的研究结果基本一致。

# 第三讲

## 如何在教学实践中运用探究学习模式

# 探究学习模式的起源

为更好地运用探究学习模式，教师最好先了解探究学习模式的起源及其研究。21 世纪 60 年代，芝加哥大学一名名为理查德·萨奇曼（Richard Suchman, 1962）的科学教育家获得联邦的准许，开始对伊利诺伊州课堂上的探究式教学方法进行调研。经过多年不懈的跟踪研究，萨奇曼基于大量的观测数据和评估报告得出了最终的结论：这种经过改良的探究模式对提升学生在主题广泛的科学课程中的理解能力有巨大的作用。这种提升效果也在萨奇曼教授和教师们所教授的较为复杂的四年级科学课程中得到了显著的体现。经过此后多年的改进和完善，这种模式最终定型并发表于《教学方法总述》（*Instruction: A Model Approach*）一书（Gunter, Estes, & Schwab, 2003），被称为萨奇曼探究模型。这个模型相当有效，在效益方面也有足够的数据作支撑，是一种以科学研究为基础且具有实际可操作性的探究模式（Alshraideh, 2009）。本书呈现的探究学习模式就是基于这个原始模型改善而成的。改进后的探究学习模式适用于所有学科，并且可以兼顾现有中学课程的教学大纲要求。

探究学习模式要求学生以小组为单位一起对与课程主题相关的提示内容进行探讨，并提出一系列问题请教师回答，这些问题的答案只能为"是"或"否"。但在准备这些问题之前，学习小组有必要对教师给予的提示内容进行深入的了解和分析，并在探讨过程中时时记得课程开始所提出的焦点问题——这个焦点问题是此课程的中心和重点，所以学生应全程时刻关注找到焦点问题的答案的可能性。随着提示内容持续递进，以及各学习小组提出问题后得到"是"或"否"的答案，学生会从各种信息片段中慢慢地拼凑出焦点问题的答案。设计一门成功的探究课程的关键在于教师如何运用以"是"或"否"来回答学生所提问题的模式。让学生以小组为单位来准备这类问题，是为了让他们开始合作思考和讨论。当所有提示内容一个接一个地展示出来并得到分析后，学生会渐渐熟悉这样的过程并慢慢地摸索出一定的规律，随后教师就要引领学生讨论、总结各类信息线索并找到焦点问题的答案。

> 探究学习模式成功的关键是一系列答案为"是"或"否"的问题。

本讲的主要内容是实施或设计开发一堂探究学习模式课程的具体步骤。如果你充分了解和熟悉了这些步骤，你会发现这种方法操作起来并不困难，而且非常有效。同时请务必关注与实施探究课程相关的一些重要注释和建议。这些注释和建议是本书作者多年来在实验和观察中获得的经验。当你彻底搞清楚如何完成一堂探究课程的步骤后，你就可以有很多方法将课程内容和探究模式结合起来，使其成为一堂根据你的要求设计的探究课程。

> **焦点问题：**
> 教师在课程一开始就提出关键问题，希望学生根据随后的提示内容探究答案。

一旦你掌握并学会运用本讲介绍的步骤，你会惊喜地发现身边的很多材料都可以用于探究课程，这些材料包括已有的教学资料、你阅读过的书籍，甚至是你和同事的交流内容等。随后本讲会着重介绍关于如何开发探究学习模式课程的具体指导意见。结束部分是常见问题及对探究学习模式的一些改进建议。

## 如何运用本讲介绍的内容及步骤？

探究学习模式具体可以分解为以下七个步骤。下面介绍的内容已包含了你在教学中运用探究学习模式时所需要的信息和背景资料。如果你对准备教学的课程主题不太熟悉，我们建议你在教学开始前尽量多读一些相关的资料和文章。每次探究学习模式课程结束时都要附上参考资料目录，以便需要时查阅。在多年来的实践中，我们发现教师在课堂上常常会被学生提出的问题惊到，直到现在我们在探究教学中也经常会遇到连自己都不知道答案的问题，所以不必太过在意，当然课前仍需要尽量多做些准备。

> **计划阶段的小建议：**
>
> 以数字形式制作和储存每个提示内容，从而可以重复使用。

你可以想象一下当你很自信地用"是"或"否"回答了学生绝大部分问题后，课堂教学会比平常更有效率。所以请做好充分的准备，接受学生提出的各种各样的问题。

探究和发现过程中应鼓励不同的想法，与这种挑战性的思考相伴而来的往往是意想不到的有趣的结果。

### 步骤 1：调研和准备

本书第五讲共列举了五门课程，课例中的设计全部按照这七个步骤完成，可作为案例参考。每门课程中都包含为教师准备的背景资料，以及需要关注的焦点问题，参考文献可在需要的时候再阅读。当你准备将本书中的例子付诸实践时，你需要先整理和阅读所有的资料。其中的提示内容是经过精心挑选并仔细排序的，目的是更好地帮助学生围绕课程主题深入地思考。将设计好的提示内容隐藏起来，然后随着课程的深入一个个地展示出来，这种方

1 调研和准备

2 介绍焦点问题

3 提问环节

4 揭示课程主题的结论

5 研讨余下的提示内容

6 修正完善结论并讨论

7 评估与反馈

式能很好地激发学生天然的好奇心及随之而来的学习探索的欲望，一条条提示内容仿佛串成了一条线索链，能够有效地引导学生抽丝剥茧般地发现答案并且感到意犹未尽。随着提示内容一一呈现，课程也会按照当初设定的节奏慢慢展开。在提问环节，我们建议每次只给出一个提示内容，这样有利于整个学习小组协同合作，避免被过多的信息分散注意力。根据约翰逊、霍卢贝茨（Johnson & Holubec, 1990）的发现，在一个学习小组中分享提示内容这种简单的方式大大提高了整个小组协同合作的可能性。无论提示内容是一份地图、一张照片、一片橡胶，还是一包盐，整个小组都会围绕这一物品展开互动、讨论和分析，这恰恰是我们乐意看到的。

举个例子，在本书关于亨丽埃塔·拉克斯故事的课例中附有歌曲《海伦·莱恩》（Helen Lane）的歌词。我们既可以把它发给学生阅读，也可以在课堂上为学生朗读，具体怎么操作，我们在本书第四讲给出了建议。学生能力有差异的班级可根据有关建议作相应的调整。

整理并准备好课程所需的资料和材料后，下一个环节就是划分学习小组。如何将学生划分、组成学习小组，主要是由教师教学的次要目标来决定的。你是不是想让学生多点机会学一学如何交流沟通、协同合作？你是不是想培养学生的竞争意识？也许你想通过创建学生团队来强化学生良好的合作和相互支持能力？灵活划分学习小组的依据主要是学习目标（包括首要任务、次要目标）、学生的知识水平、班级的活跃程度（参与活动的主动性）。当你首次运用探究式教学方法时，强烈建议你将三个学生分为一个小组。三人小组能够有效提高学生的合作能力和倾听技巧，因为对每个小组成员来说，与另外两个同学一起学习、探讨是实践和磨炼这两种能力的最佳机会。而且三人学习小组也是注意力不太容易被分散的组合。但如果你的学生已经具有一定的分享资源和观点的合作经验，你完全可以将四人或五人分为一个小组。分组时需要考虑的另外一个因素是小组总数。举个例子，假如你将全班 21 个学生分为每三个学生一组，共 7 组，那么每一轮探究提问环节你会收到 7 个小组提出的 7 个问题。如果班级人数比较多——比如有 40~50 个学生时，你可以适当增加每个小组的人数，将最终的小组总数控制在 10~12。根据以上建议和方法，我们可以比较方便地进行分组并实施教学，无论是高中生还是研究生，无论班级规模是小（如 9 人）还是大

（如55人），都可以用这种方式来轻松完成。牢记一点：当一个班级内有较多小组的时候，每一轮都会有同样多的问题呈现于课堂上，多轮且多个连续性的提问可以让学生很快进入学习思考的状态。但如果你遇到班级人数较少的情况，那么我们建议你可以将2~3人分为一组，每轮提问环节每个小组可提两个或两个以上的问题，这样学生就可以得到足够多的信息，从而了解整个事件的来龙去脉。

> **计划阶段的小建议：**
>
> 　　将学生分组名单展示在题板上，或在学生的课桌上放置名片卡。在课程开始阶段这样做，可以节省许多宝贵的时间。

### 步骤2：介绍焦点问题

　　如果你已经整合了课程中需要的资料，并且完成了学习小组的划分，接下来就是介绍课程的焦点问题。如果是首次实施探究课程，那么在介绍焦点问题前还有一个环节，那就是花10分钟左右的时间介绍一下探究课程教学中的一些规则。教师可以运用类比的方式让学生尽快理解学习的过程。如果针对的是中学水平的学生，你可以将

到底发生了什么事？
为什么这个是重要的？
这些事件的发生到底是为什么？
有怎样的联系？
那又怎样？为什么需要关心？
这些和我有什么关系？

共同关注的问题

这种课程的学习方式比作类似解谜或线索解密的游戏。如果面对的是水平相对较高的班级或大学生朋友，你可以将这种学习方式等同于专业历史学家的探索过程。举个例子，你可以将探究学习过程类比为一名历史学家发现了一个束之高阁的有意思的文物，随后通过探索研究，抽丝剥茧地发掘出该文物的相关信息和历史故事。那是一个多么有趣的过程啊！而对于其他学生，你可以使用游戏中一些有趣的元素来调动他们的积极性。你需要根据不同学生的年龄或水平来调整和组织相应的介绍内容。

无论你如何介绍课程，最要紧的是与学生一起仔细地阅读课程规则。在下一讲可以看到整个规则的内容。我们建议将课程规则的复印件发到每个小组手中，请他们仔细阅读并签名同意，然后将签了字的复印件塑封并贴在每个课桌上，以便学生在整个过程中随时参阅、照章执行。你仅仅需要将课程规则解释一遍，因为随着探究学习模式的展开，你和学生在随后类似线索解密等的学习过程中会频繁涉及课程规则的内容，而且会越来越熟悉和了解。

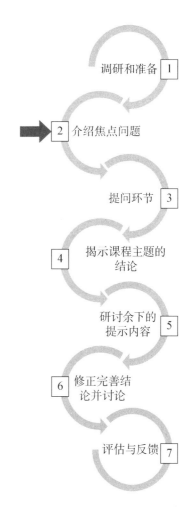

在阅读了一遍课程规则后，要记得鼓励学生提出任何上课时感到疑惑的问题。尤为重要的是要明确学生必须理解并清楚如何组织和提出问题，然后由教师来回答，而答案只能为"是"或"否"（规则4）。只允许对学生提出的问题以"是"或"否"作答，目的是让学生在提问前就开始思考如何提问，如何从简单的答案中找到线索并寻求答案。为更好地帮助学生利用所有的信息，一个有效的方法就是为每个小组成员分配角色和任务。我们建议每个小组有一两个记录的人、一个归纳总结的人，以及一个控制时间的人。关于各个角色的设定和描述在第四讲的表格中有明确的介绍。

> **计划阶段的小建议：**
>
> 在课程开始前，将课程规则的复印件塑封并放置于课桌上，以便学生在教学过程中随时参阅和执行。

> **为什么要提出答案为"是"或"否"的问题？**
>
> 探究课程成功的关键在于教师在学生提问时给予"是"或"否"的回答模式。让学生学会如何提出这类问题，可以较好地开启学生的思考模式。

在你确认学生已经理解和清楚了课程规则后，接下来就可以将焦点问题展示出来了。你可以将焦点问题放在投影仪的屏幕上并盖上一张纸，直到必要的时候才揭开。这样做可以增加一点点神秘感，学生会感到好奇并不停地揣测什么问题这么重要。当然你也可以将焦点问题一开始就写在黑板上，每个学生一进门就可以看到。当你看过本书课例中的焦点问题，你会发现这些焦点问题有一定的规律性、神秘性和复杂性，并且通常都带有争议性，是可以深入拓展的。以我们的经验来看，精心设计的焦点问题往往都具有很大的吸引力，能够激发青年人或年纪不大的成年人的好奇心——"那又如何？""为什么我要关心这个呢？"。这样的自问会让学生倾向于成熟的思考模式，像成年人一样思考问题。说起来也简单，也就是一个好的焦点问题能一下子吸引住学生的眼球。同时运用第四讲中的总结表格（表格4），可以要求小组中的记录人员将焦点问题写在首页开头的显著位置。

### 步骤3：提问环节

现在可以让学生根据提示内容开始一步步探究学习了。这个步骤是探究学习模式中最核心的部分。在这个环节中，教师需要将精心准备的提示内容展示在学生面前，每次一条。当提示内容被提供给学生后（以小组为单位），应该让学习小组花点时间来分析获得的信息。我们建议的时间往往为 3~8 分钟，具体设定为几分钟较合适，可根据提示内容的复杂程度、学生的年龄与分析合作的能力水平以及课时的长短来确定。如果提示内容较多，可以考虑给各学习小组多些时间或向整个班级大声读出提示内容。

需要注意的是，不是所有学生都可以充分理解提示内容，一些学生会觉得摸不着头脑，若碰到这种情况，就不要让这些学生花费过多的时间，因为这样反而会让他们失去学习的兴趣和动力。这个时候，最恰当的方法就是提前进入提问环节，让有所收获的学生开始准备并提出问题。其他小组的问题会给那些学生带来启发，让他们重获灵感并保持学习的热情。

当学生在分析探讨提示内容时，教师可以在课堂上巡视并仔细聆听每个小组讨论的内容。学生可能会问你一些问题，试图从你这里获取额外的信息。而你必须坚守规则，在不透露信息的前提下可以这样作答："这是个非常好的问题，考虑考虑如何在你们小组的提问环节提出来。"在巡视期间认真地倾听各个小组的讨论和准备提出的问题非常重要。你可以获取一些学生学习的情况并由此来决定小组提问的顺序，从而更有效地引导并组织课程主题的知识内容架构。如果你发现某一个小组的分析内容最接近答案，你就可以将这个小组安排在最后一个提问，这样做有利于增加其他小组自主获得答案的机会。

本书课例中的提示内容都是经过精心设计的，所以可以一下子抓住学生的注意力。例如在关于亨丽埃塔·拉克斯故事的课例中选用了一张 HeLa 细胞的照片。设计和选用一些不同寻常的题材作为提示内容，可以有效培养学生的多角度思考方式，使他们通过脑力激荡获得广泛且有意思的问题。这也是一个提升学生想象力的绝佳机会。

当分析探讨的时间一到，你需要马上把学生的注意力拉回到你的身上。那时你对学生

1 调研和准备

2 介绍焦点问题

3 提问环节 ◀

4 揭示课程主题的结论

5 研讨余下的提示内容

6 修正完善结论并讨论

7 评估与反馈

们将会提出什么样的问题、如何安排小组提问的顺序应该已经有了比较清晰的思路。记得提醒学生必须注意：每个小组每次只能问一个问题，由你以"是"或"否"来回答，而且只回答一次。对课程规则的强制执行非常重要，因为这是课堂管理的重中之重。整个课程的效率完全取决于教学者对学生竞争和合作的平衡能力。你一方面希望学生尽可能地具有主观能动性且敢于挑战，另一方面又要保证课程的进度不会被打断或干扰。你将注意到学生会相互督促保持安静，以便能听清楚每一个问题和答案，因为问题和回答只有一次。这也培养了学生自我控制的能力，教师无须时刻提醒他们保持课堂纪律。随后你就可以一步步地实施提问环节，并尽你所能地回答学生的问题。

我们在上文曾提到学生提出问题的模式非常重要，这些问题只能得到"是"或"否"的答案。这个规则是探究式教学方法成功的关键。正是这一表面上看起来简单且微不足道的改变，能够极大地提高学生的认知能力。就拿关于亨丽埃塔·拉克斯故事的课例中的那张 HeLa 细胞照片来说，这一线索让学生能够把亨丽埃塔·拉克斯与焦点问题中提到的细胞联系起来。学生可能会这样提问："这和亨丽埃塔·拉克斯的病有关吗？它是不是一种细胞？"学生之所以这样提问，是因为知道教师只会回答"是"或"否"，所以他们在发问前已经认真思考过照片的内容并进行了一些总结。如果没有答案只能为"是"或"否"这个规则，那么学生很可能会问："这张图片和亨丽埃塔·拉克斯有什么关系啊？"提出这种问题，只能说明他们并没有好好地思考过其中的原因。

**实施阶段的小建议：**

选用各类不同的计时工具（蛋形计时器或电子计时器）来显示各阶段的时间控制，能够使学生把注意力集中在当前的任务上。

你也可能会遇到某一小组未能提出问题的情况，引起这种情况的原因有很多。可能是其他小组已经问过了他们准备的问题，抑或是这个小组受阻于所提供的提示内容。你可以采用多种方式来解决这种窘境：多给这组学生 1~2 分钟来进一步考虑，或允许这组在此轮提问环节中不提出问题，也可以先跳过这组等到本轮最后再让他们提问等。一般情况下，听其他小组提问会激发他们的思路，虽然刚开始会感到有点无所适从，但他们马上就会进入正轨。你会在提问环节中和学生一起体验许多乐趣。回答问题时，我们常常会发觉"是"或"否"的回答是不够的，但绝对不可以详尽地阐述或回答，而是要尽量按照规则来执行。

如果在提问环节中，有小组问及关键点或问题已涉及重要的相关因素，你可以在回答"是"或"否"时用不同于平常的语音语调，或用较为夸张的手势将一些信息传递给学生：你已经非常接近答案了！学生对这类信息的解读有着异乎寻常的兴趣。让他们通过解析你的言行举止来获取你想传递的信息，远远比直接告诉他们更有效，而且这会大大提高学生的学习兴趣。他们会开始仔细观察和揣摩你一举一动中的含义，这同样是在培养一种对周边环境进行细致观察和探究的能力。

### 步骤 4：揭示课程主题的结论

当第一轮提问环节顺利完成后，你继续以同样的形式完成余下几轮。随着提示内容逐步被展示出来，各学习小组所得到的信息也渐渐累加。学生会在各条提示内容之间来回探讨，逐渐拼凑出整幅图案。在课程进行的过程中，教师可以在某些节点上停一停，并稍稍评估和调整一下学生的进度。

当你感到学生已经获取足够多的信息并且有能力针对焦点问题推断出一个总结性答案或一个理论上的结果时，你应该马上让学生放手去做。通常情况下，每个小组只需要 5 分钟就都能完成总结了。在每个小组组织语言将结论写到纸上时，教师应该继续巡视，适时提供必要的支持，并且在发觉学生有所偏离或得出可笑的论点时及时干预，比如"金字塔是外星人到地球上建造的"。同时应该提醒、鼓励学生思考和探索时要紧紧抓住提示内容和他

调研和准备 1

2 介绍焦点问题

提问环节 3

4 揭示课程主题的结论

研讨余下的提示内容 5

6 修正完善结论并讨论

评估与反馈 7

们所做的重要记录。当然，也有一些小组会得出奇怪的结果，这可能是因为他们没能真正地理解和运用已经获取的信息。

典型课例的时间安排表

| 活动内容 | 分配时间 | 累计时间 |
|---|---|---|
| 介绍和指导 | 10 分钟 | 10 分钟 |
| 第一轮 | 5 分钟 | 15 分钟 |
| 第二轮 | 5 分钟 | 20 分钟 |
| 第三轮 | 5 分钟 | 25 分钟 |
| 第四轮 | 5 分钟 | 30 分钟 |
| 初步的结果 | 10 分钟 | 40 分钟 |
| 第五轮 | 5 分钟 | 45 分钟 |
| 第六轮 | 5 分钟 | 50 分钟 |
| 第七轮 | 5 分钟 | 55 分钟 |
| 第八轮 | 5 分钟 | 60 分钟 |
| 分享结论并讨论 | 15 分钟 | 75 分钟 |

这可能会给你一个信号：要认真考虑提升一下那组学生的学习技能。当所有小组都完成总结后，可要求每个小组派代表上台在题板上写下他们的结论和名字。写完后，邀请各组成员读出他们的论点，并且即时给予反馈，反馈的模式可以是"哇，你们这组说到重点了，大家注意一下这个观点，你们可能需要把这个论点写下来"。这是在明显地暗示学生这个结论非常正确但是并不完整。对于结论或论点中与答案有关联的部分，你可以在学生写的内容下方画线以引起他们的注意。即使某个小组的结论有点驴唇不对马嘴，教师也要试着给出一些正向的评语，这至少表现了对学生认真思考的肯定，可以这样说："哦，我知道为什么你们会这样想，因为你们根据的是 X、Y、Z 的提示内容，然而我希望你们能回头再看一下那个文件，特别关注一下 A、B、C 这几个提示内容。"这样的反馈不仅没有打击学生的积极性，还指出了结论并不正确。根据班级的大小，一般情况下这个环节 10 分钟左右基本可以完成。教师的目的主要是通过这个环节，让学生能听到其他小

组的结论和论点，由此完善自己的答案。

　　当你把题板上所有的结论都讲过一遍后，可以接着处理余下的提示内容。时刻不要忘记，探究课程的教学目标是让每个学生都可以提高自己的思考能力。虽然课程设计中涉及竞争的元素，包括小组之间的竞争关系，但教师要牢记学习的目的是让所有学生都经历曲折的探索过程并最终获得答案。这个过程有快有慢，有的小组可能会先得到答案，有的小组可能晚一点，但最终每个学生陆陆续续地都会完全理解这堂课的主题。

### 步骤5：研讨余下的提示内容

　　余下的提示内容往往是经过精心设计的，是与课程主题较为直接相关的内容，并且可根据学生的能力引领学生直接迈向目标答案。当你展示出最后几条提示内容后，通常会听到学生激动的评论声——"我是这样说的吧！"或"我早就告诉你是这样吧！"。当所有的提示内容最终全部展现在学生面前后，我们就可以进入下一环节：修正完善结论并讨论。

### 步骤6：修正完善结论并讨论

　　这个步骤中，你首先要求各小组根据所有的信息和内容重新考虑一下自己的结论并进行修正。根据各小组成员的能力水平，这个环节15分钟左右应该可以完成。随后邀请每个小组派代表站起来大声朗读他们的最终结论。这个环节的重点是让学生围绕焦点问题修正最终结论。同时在这个步骤中，教师切记不可以对任何结论作出褒贬性评论，也就是不可以表示某个小组的答案为最佳的、最好的，这种情况应尽量避免。探究学习模式主要是为了鼓励学生发展挑战性思维和合作能力，当然如果仅仅是图快，可以

调研和准备　1

2　介绍焦点问题

提问环节　3

4　揭示课程主题的结论

研讨余下的提示内容　5　◀

6　修正完善结论并讨论

评估与反馈　7

> **实施阶段的小建议：**
>
> 　　在学生根据提示内容探索的过程中可以随时暂停，纠正一些错误信息，这对促使学生朝着正确的方向思考有着重要的作用。

直接告诉学生他们的结论是否正确，这种做法既快又简单，但剥夺了学生自我挑战思考问题并与他人合作探讨的机会。课程结束后，教师最好能把学生的结论都收集起来，作为学生思考能力提升的文档记录，这一做法非常有意义。此外，收集各小组的结论也可以用于评估小组的工作，供大家参考。例如某个小组的结论比较完整且非常接近正确答案，我们就可以分析是什么特别的因素使这组取得成功。如果某个小组的结论不理想，我们也可以找找原因并写出建议，稍后与大家分享，帮助他们有所提高。

　　当每个小组完全展示了修正后的结论后，接下来就可以开启自由大讨论了。教师可根据时间是否充裕来决定是马上着手进行，还是安排在第二天进行，这个讨论的时间可以短，也可以长至一整堂课。以我们的经验来看，学生相当喜欢这种形式的讨论，因为他们可以自由提问并相互辩论。教师在讨论过程中可以适时地将之前课堂上遗漏的一些小片段、小细节灌输给学生，同时对讨论中出现的某些不正确的观点予以纠正。相信我，你会对学生展现出的高水平感到惊讶的。

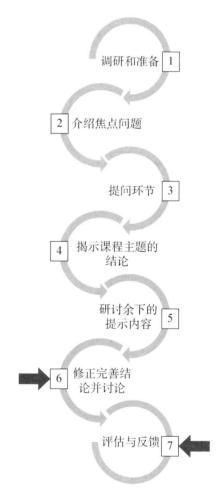

1　调研和准备

2　介绍焦点问题

3　提问环节

4　揭示课程主题的结论

5　研讨余下的提示内容

6　修正完善结论并讨论

7　评估与反馈

### 步骤 7：评估与反馈

最后一个步骤是鼓励和培养学生形成自我认知能力，也就是审视、调整和自我评价及自我提高的能力。教师要求学生对课程学习进行自我评估与反馈，以培养他们今后在学习、工作中良好的习惯。学生自我审视、回顾作为小组成员的表现，评估自己在整个课程中的努力程度及学习的效果。可以选用第四讲的评估和反馈表格作为参考工具，希望学生如实回答对今后同样模式的课程有什么样的建议和改进意见。教师先将这些反馈整理存档，然后在下一次探究课程开始之前，将这些建议或意见特别标注出来发还给学生，作为共同关注的改进点。要注意，不要对任何反馈进行优劣等级的划分，否则学生在写反馈时会考虑过多，有所保留。

## 关于探究学习模式的一些小建议

在课堂上实施本书中的课例时，你会在教学过程中不时遇到各种挑战，下面列举了一些你可能会遇到的问题。如果参照本书作者给出的建议，你基本上能够很好地解决这些问题，并且能够自如地应对面向从中学生到大学生等不同水平人群的课程教学。以下是作者罗列的一些较为常见的情况以及具体如何应对的建议，供大家参考。

### 1. 以学生为中心的模式

由于整个课程强调以学生为中心的学习方式，因此有效、充分的课堂管理控制能力是必不可少的，教师只有在整个过程中有效把控好每个环节，才能让学生表现出色、相互尊重、分享资源、认真倾听同学的提问和回答。如果在实施课程之前，学生对自己在学习过程中的角色还没有形成充分的认识，比较聪明的做法是在正式开课前做一些小小的预练热身。例如，可以准备一些参考物品发给学生做一些模拟练习，练习的方式与课程中运用的方式相同，这样学生可以在小组中练习如何分享信息、讨论询问、相互倾听。这种方法可以让学生在正式的探究课程中很快适应这种学习方式。在许多方面，探究学习模式参照了一种效果极佳的教学方式——合作教学方式中的内容。如果你有兴趣或想进一步了解如何运用合作教学方式，可以参阅 2009 年斯潘塞·卡根（Spencer Kagan）出版的《卡根合作教学方式》（*Kagan Cooperative Learning*）这本书。

### 2. 如何较好地处理有学生提前知晓答案的情况

当我们在教师研讨班上展示探究学习模式的时候，教师们普遍比较关注的问题是：如果课程刚刚开始的时候，就有学生已经知道了答案，应该如何处理这种情况呢？这是一个非常重要的问题。以下是我们处理类似情况的一些策略。

首先，如果事先知道是哪个学生，可以通过交流沟通，认真地告诉这个学生让他的同学通过自己的探索找到答案的重要性，并希望他能配合整个教学过程。如果这种方法对这个学生不奏效，可以考虑邀请这个学生来辅助你的教学工作，让他管理与控制每个环节的时间，帮助你展示提示内容。探究课程中，类似情况（学生已经知道答案）发生的概率一般不大，较常出现的情况是经过几轮提示内容的讨论和问答，有个别学生猜测或推测出本课可能的目的或焦点问题的答案，但这种推测往往只是八九不离十，而非完整的答案。如果遇到这种情况，可以参考以下建议。

### 3. 有学生较早地推测出了最终的答案

也许有这样的例子——学生认为自己已经知道了答案，或整个班级的学生认为已经解出了焦点问题的答案，这个时间比你预期的要早。如果你设计的课程有一定的难度，这种情况一般很少发生。如果学生只是有了答案但并不完整，你可以鼓励他们针对焦点问题再挖掘一些有深度的、更广泛的内容。但是如果你察觉到学生真的已经接近了完整的答案，而且进程也超出了你的预期，你需要对教学安排作一些调整，比如不再逐条展示提示内容，而是两条提示内容一起公布。这样做的好处是不仅加快了课程的进度，还延续了探究式教学方法的有效性。

# 如何将同样的探究课程在不同班级中进行教学？

探究课程成功的那一刻，也就是学生经过层层探索最终揭示答案的那一刻。不仅学生会收获这种成功的喜悦，教师亦然。在中学教学中要获得如此效果是有挑战性的，主要原因在于学校的课程教学时间安排会导致不同班级之间存在泄露答案的可能性。举个例子，你在两个班级教授世界历史的同一课程，时间分别安排在午餐前和午餐后，那么你如何避免学生在共进午餐时对课程内容进行讨论呢？当然，这不是发生这种情况的唯一场景，要想保证一堂课的成功，就不能事先告知学生任何相关内容。教师如果发现存在这样的可能性，就需要提醒上过课的学生不要向那些还未上课的同学透露任何信息。一般学生都会按照教师的要求来做，因为他们往往也希望同学们有同样有趣的经历。学生的行为通常与其成熟程度及师生关系有关，如果碰到类似的情况——课程还未开始，就有学生了解到了焦点问题的基本答案，教师也没有必要将这个学生排除在探索学习过程之外。因为这个学生仅仅是知道答案的基本内容而已，对于这个问题是如何产生的及其前因后果并没有完整的认知。

## 如何更正学生错误的观点？

探究学习模式中另一个值得关注的地方，是给予教师澄清和更正学生错误观念的机会。事实上，这种更正行为在整个课程的教学实施过程中一直在发生，因为只有探究课程才能让学生轻易地把这些错误观念暴露出来，然后教师才有机会进行讨论、澄清和更正。在大多数传统教学过程中，直到课程结束，一些错误观念仍然隐藏着，并没有被暴露出来。错误观念以不同的形式存在于青少年学生之中，这是非常普遍的现象。本书中所罗列的课例都呈现出一个共同点，那就是复杂性，这是针对青少年学生的共性而言的。第一，青少年对事物的认识简单直接，他们认为事物是线性的，A 会直接导致 B。而这些课例具有一定的复杂性，学生在探索过程中会认知到理解问题的复杂性，从而学会更加注重细节，关注而非忽略一些细小的信息，这对他们今后的学习甚至工作会有很大的帮助。第二，青少年观察问题的视角较狭窄，往往只从自己的角度来观察世界上的事物。而探究课程这种成熟学习流程中的一个重要部分就是拓宽学生考虑问题和观察事物的视野与角度，同时帮助学生建立对他人的理解和尊重。

# 提升学生的价值感和存在感

当探索的内容稍稍超出学生的能力水平时，挫败感作为一种真实的情感一定会浮现在学生心中，在探究学习模式的实施过程中，这确实是个棘手的问题。我们一方面希望学生保持积极性、好奇心及挑战能力，另一方面又不希望学

要让学生保持一个好的状态：既不感到无聊，又没有挫败感

生因遭遇挫折而失去探索的动力。这种情况可以通过仔细的观察和控制调整来化解。在各个环节中，教师要时时在各小组之间巡视，掌握各小组的动态及各成员的情况。你需要从旁观者的角度仔细观察学生讨论、思考、拼凑线索的过程。学生是否有挫败感，可能体现在他是活跃地讨论还是安静沉默。例如，你发现某个学生不参与小组讨论，身体靠着椅背，双手交叉抱在胸口，一副兴趣缺缺的样子——这就是一个明显的信号，这个学生已经满怀挫败感，没有兴趣参与任何活动了。

教师应该早发现早干预，防止挫败感过早介入学习过程；一旦发现有学生或小组出现这种情况，应该立刻清晰地指出正确的思考方向，提醒学生思考必须围绕着课程目标，提示他们可能未注意到的一些细节内容，暗示某个有争议的问题是非常关键的。当你适时介入并提供帮助后，学生一般就会回到正轨，沿着教学设计的方向继续下去。你可以在下一轮环节首先或最后请这个小组上台分享自己的观点，同时提醒大家关注这个小组阐述的内容，这样做能够提升他们的价值感和存在感。各种各样的教学方法归根结底都是为了让学生保持一个好的状态：既不乏味，能使他们保持积极性，又没有因过于超出学生的能力，而使他们产生挫败感。

# 探究学习模式可灵活多变

探究学习模式的一个显著优点就是灵活多样，本书中所列举的每个课例的时长一般都

在 75 分钟左右，但课程时间可以灵活地调整，无论是拉长还是缩短，都非常方便。对提示内容的展示也可以灵活变化，既可按照预先的设计逐步展开，也可将其置于课程开始或作为课程后面部分的评估内容。

# 也可分成几个课时来完成一整套课程

一些学校每堂课的时间安排是 35~45 分钟，而本书中所呈现的课程设计时间通常为 75 分钟左右，这种情况下教师需要对课程安排略作调整。

第一种方法是缩短课程时间，通过每次增加提示内容的数量来实现。本书中所有课例的提示内容在设计上往往是环环相扣、逐步递进的，可以帮助学生一步步接近目标，同时学到相关的知识点，最终达成学习目标。但是这种层层设计的方式并不妨碍教师每次将两条或多条提示内容一起交给学生讨论，前提是这几条提示内容不会造成理解上的困难。这种方法可有效解决时间不足的问题。

另一种方法是将课程分为两个部分，并安排在两天内完成，两个部分之间的分割点可顺其自然地安排在学生各自得出初步结论的时间节点。一般是在展示出一半的提示内容时，也可以在第一天的课程结束前布置回家作业，要求学生回去后独立完成一定的探索研究，以便第二天继续该课程。

## 1. 探究学习模式亦可用于课程的开场

运用探究学习模式的目的是让学生在课程一开始就产生兴趣。把一条经过仔细挑选的提示内容清楚地展示在课堂的投影屏幕或学生课桌的平板电脑上，为的就是让学生进入教室后一眼就能看到。随后，你可以通过由大约 20 个问题构成的游戏环节，迅速将学生带入要学习的内容和节奏中。这种方式能够增强学生的学习兴趣和自主学习意识。

## 2. 每天介绍一条提示内容

当你决定用几天的时间来完成一门完整的探究课程时，你可以采用每天展示一条提示内容的方法，如同每天揭示整个谜底的一部分。对于当天展示的提示内容，可围绕它进行与课程主题相关的探讨和教学。在采用这种方式进行探究时，你会发现这类课程具有一定的组织特征。

### 3. 如何设计你的探究课程

一门课程成功的关键要素之一是教师深厚的知识储备，因为学生有可能在课程中提出他们想到的任何问题，所以教师对课程主题了解得越深，课程就会进展得越顺利，效果也会越好。但是这样的要求不应阻碍你对探究课程的尝试，毕竟你的学生对任何选定的主题了解有限。例如，在教关于法国大革命的内容之前，你的学生是否已经知道罗伯斯庇尔是谁？可能不太清楚。因此，只要你很好地了解课程主题并做一些准备，确定合适的教学目标，确信自己已经拥有比学生更深入的知识和对课程主题的理解，你完全可以大胆地去尝试。

探究课程可以放在一个学习单元的开头、中间或结尾。例如，你可以通过它来介绍在一个学习单元或一个学期甚至是一个学年中将要探索的主题，也可以在某一套课程结束后将其用于测试，以便评估学生的学习效果及其对整个课程主题的理解程度。同样地，它还可以插入教学过程中，在学生还未完全清楚课程主题时使用，以促进学生对课程目标的理解。一个很好的例子是关于阿瑟·米勒（Arthur Miller）的《萨勒姆的女巫》（The Crucible）一书的教学。在学生充分理解影响角色行为的所有因素之前，可以先开展一次探究教学，组织他们对萨勒姆女巫事件的理论进行学习和探讨。这种在一个学习单元中插入、使用探究学习模式的方法，比较适用于历史事件中有趣、关键的转折点之类的主题。

一旦你选定了探究课程的主题并确定其在课程中的位置后，你需要收集提示信息作为提示内容并准备焦点问题。焦点问题的设定往往具有挑战性，你希望设计一个足够模糊的问题，以免内容过于明显，导致学生很容易猜出答案。同时，你也希望问题足够有趣，可以吸引学生走上你为他们准备的知识探索之路。教师们可以参考本书中提供的课例，根据新课程的主题设定一个恰当的焦点问题。

在考虑焦点问题时，你还需要收集用于传达该课程主题的提示内容，通常可以在与课程主题相关的书籍中找到灵感和题材。例如，埃德温·布莱克（Edwin Black）的著作《IBM

和大屠杀》（*IBM and the Holocaust*）是一本包含珍贵的照片、地图和图表的图书，这些照片、地图和图表与纳粹在"二战"期间使用的霍勒瑞斯机器有关。这些资料为相关课程的提示内容提供了多种选择。作为教师，你也可以通过多阅读来增加自己的知识储备。一旦开始使用探究学习模式，你就会在所阅读的书籍中发现可用于探究课程的教材内容。同时，你也可以关注一些相关的艺术品、歌曲、地图、图表、历史照片和其他资料，从中获取灵感和信息，并将其用在探究课程中。你还可尝试收集可作为提示内容的各类材料，如主流渠道的文档、新闻文章、照片、图稿等。提示内容的种类越多，学生的兴趣就越浓，成功的概率就越高。有些学生通常能够很好地理解文本资料类提示内容，有些学生则有可能从照片或一系列卫星影像图中解读出细节。

种类丰富的提示内容可以引起学生的兴趣

收集了课程所需要的提示内容资料后，下一个任务是确定合适的展示顺序。一般来说，可以从一个引人注目但离最终答案有一定距离的提示内容开始，这样做的效果是一开始就能引起学生的兴趣。随后的提示内容应该根据学生对相关课程主题的了解程度来精心挑选和安排，一般顺序是从外围或普通的逐步趋于更具体、更接近主题的。教师在教授了几次自己设计的探究课程后，会发现可能需要重新安排提示内容的顺序，或根据学生在课程中对提示内容的不同反应来添加或减少提示内容。你还可以根据不同的学生群体来组织不同的提示内容。例如，如果你的学生都在学习西班牙语，那么建议你在选择提示内容时尽可能地利用学生的此项语言特长。也就是说，在选择提示内容时，请考虑学生可能具有的或正在其他课程中学习的特定技能，并尽量在课程中多提供一些运用这些技能的机会。

我们所能给出的有关开发探究课程的最佳建议是：多尝试几次探究方法和探究课程。学生第一次参加探究课程时，由于课程形式和要求都与传统的学习方式不同，这对他们来说可能是一种挑战。在他们体验了几次这种学习模式后，他们提问和分析的技能会显著提高。你可能需要多经历几次完整的课程，从而总结出合适的提示内容展示顺序，并对学生的提问方式有进一步了解。你也可以考虑与同事合作，同时在多个班级中实施课程并获取较充分的反馈信息，从而有更多机会来调整下一年的课程内容。

探究学习模式是一种生动而有趣的教学方法，可以使你的教学更生动，使学生的学习更主动。我们邀请你从使用本书中的课例开始你的探究教学。一旦你熟悉了这种模式并且感觉运用自如的时候，你就可以开始构建与教学大纲、学生的技能及学习能力相匹配的探究课程了。

# 第四讲

## 以学生为中心的
## 差异化教学方式

# 以学生为中心的课堂案例

我清楚地记得那时候我坐在第一排课桌的位置，在第二排前面。这是一个独特的位置（也是一个令人羡慕的位置），因为如果我想要偶尔开会儿小差的话，我可以直接从教室门的玻璃窗向外看。我肚子饿时咕噜咕噜的叫声也会时常分散我在课堂上的注意力。那是十月初一个秋高气爽的日子，站在教室前面的老师开始上课了，又是一堂45分钟且没有确切主题的课。班上的学生都取出了他们的笔记本，大家不停地记录着老师口中说出的每一个字。当她在黑板上写下相关内容的时候，我会在这段笔记的旁边标注一颗星。并没有人指导我这样做，是我自己通过几年的尝试发现这种方法可以（并不总是）在这种"学习"中对我有所帮助。在一天的课程结束后，这种星形标记往往会出现好几次。除了在黑板上书写之外，老师也会口述笔记，同学们会立即在笔记本上记录下来，而内容就是我们正在"学习"的新主题或新概念。

那么当时的我呢？当然，我也在这种统一标准的环境下正常学习——我坐在课桌前，在教室里，在老师的带领下好好"学习"。我拥有所需的一切文具（纸、笔等），在我的记忆里，我一直在学习，但又感觉这种"学习"好像并不是我自己的学习，因为一切都是照着老师的吩咐做，没有一点自己的想法。课余时间，当我对课堂上学习的内容心存疑惑时，我常常会与家人或朋友一起探讨。我想为什么同学之间不能对学习的内容和概念进行讨论和辩论呢？我们总是偶尔才有机会以合作的方式开展一个项目活动，然而从那些经历中我学到了很多特别的东西。（谁没有尝试着排演环球剧场莎士比亚的作品呢？）一直到整个学期结束后相当长的一段时间里，这些东西还牢牢地留在我的记忆深处。当我从高中升入大学后，我真的开始认真思考"学习"的定义——关于如何更好地学习，以及为什么、什么时候学习，都需要根据不同学生、学习内容和当时的条件对学习的主题作一些调整。正是在有了这种认识后，我才开始思考所有学生应该如何学习，而不仅仅是我自己如何学习。我确信这对帮助我们理解教与学至关重要。当我开始我的教学生涯时，我很快就意识到"学生应该如何学习"这个概念要比我想象的大得多。

## 学生究竟应该如何学习？

当我刚开始教学的时候，我时常会想起自己上学时枯燥的场景。意识到自己不愿意犯同样的错误，我会重新调整教学方法，包括采用更多的学生互动，让学生参与课程。但是我发现自己总是很容易又回到原来的教学方法中。这让我感到沮丧，但同时也会促使我在为学生准备课程时更加仔细地计划和思考。这并不是说传统的教学方法没有任何可取之处，有些时候你的学生确实需要有一套笔记来回顾老师在整个教学过程中所呈现的主题内容、思路、概念或技能。所以在这里我需要特别明确一点，现在所介绍的这个方法并不排斥其他的教学方法。

学生应该在学习中扮演更主动的角色，这种思路和想法并不新鲜。不少文献资料都向我们展示，许多教育理论家早已证实了以学生为中心的学习方式的价值，而且这种学习方式能调动学生学习思考的积极性和主动性，使他们能更有效地达成学习目标。戴维·约翰逊与罗杰·约翰逊（Johnson, D. W. & Johnson, R. T., 1999）在他们撰写的文章中阐述了使用合作学习方式可以有效地提高学生的参与度，并使他们取得更好的学习效果。在早期，合作学习方式并不是唯一一种被认为有价值且以学生为中心的学习方式。实际上，这种教师负责组织架构、以学生为中心的学习方式很早就在教育领域中存在了——甚至有可能追溯到更早的时期。

莱斯特大学的理查德·莫布斯（Richard Mobbs）博士在他的文章中这样写道："我们从各种研究资料中发现，对知识的记忆在不同活动中显示的记忆程度不一样：讲座（5%），阅读（10%），视听（20%），示范（30%），讨论组（50%），通过实践（75%）和教其他人（90%）……"在关于今天在教学和学习中使用播客的讨论中，他陈述了自己的看法，并指出教育界曾经流传着这样一句话：

　　吾听吾忘，吾见吾记，吾做吾悟。

　　这句话的意思就是：告诉我，我会忘记；做给我看，我可能会记得；让我参与，我会懂得。由此可见，人们很早就认识到：如果我们希望学生有学习的积极性，那么让一些有想法的学生主动参与到复杂思维和概念的运用中，以促进他们的学习就相当重要了。多年来，教师负责组织和架构且以学生为中心的学习理念一直是我和同事所关注的论题。在贯彻实施以学生为中心的教学理念时，作为教师的我们要如何才能更好地引导学生自主学习呢？什么类型的活动可以帮助学生实现这一教学理念（以学生为中心）呢？我们该如何开发一套有趣且引人入胜的课程来帮助学生提高综合能力（包括成绩）呢？

## 开发探究学习模式的初衷

　　探究教学的主要方式是：教师架构、组织和引导，以学生为中心。我们希望通过运用这种方式，尝试发展出一种新的教学模式，并将其有效地运用于我们的课堂教学中。顺着这个思路，我们开发了一种在课堂上运用探究的学习模式——探究学习模式，通过这种新颖的互动方法，激励和吸引学生相互探讨、共同学习。在本书中，我们向读者展示了几个已在人文、数学和科学学科中运用探究学习模式的教学课例。这些以探究为基础的课程是本书作者在实际教学中的成功案例，只要引导教师在他们的课堂上成功运用探究学习模式，就可以取得显而易见的效果和成就。探究学习模式不但适用于你所教授的任何主题或学科，而且足够灵活。通过学习本书的课例，你将逐渐熟悉并了解探究学习模式的具体步骤，并且很容易将其运用到你所教授的课程中。（参阅第三讲）

## 教学时如何应对不同水平的学生？

　　关于这点，我们在讨论中可能想要问的是：我们如何才能把课堂上的所有学生都培养成具有自主学习能力的优秀人才？即使运用探究学习模式，我们也许仍会碰到一些学生因为水平不同而难以跟上进度的情况？在使用探究学习模式教学时，我们如何才能改进和解决课堂上有些学生因水平不高、对外语不熟悉或学习理解速度较慢所导致的问题呢？

因此，我们首先回顾一下传统课堂上的"学习"与本书所探讨的新的"学习"方式的不同之处。我们完全可以确定，采用新的学习方式能激励更多的学生参与教学活动和相互交流，学生的学习效果和学习成绩都得到了显著的提高，因此开发和运用探究学习模式与探究课程才是解决"学习"这个论题的根本方法。然而我们在实施中会发现一个班级里往往同时存在许多水平不尽相同的学生。"如何在这种情况下实施探究课程并取得很好的效果？"在与教育工作者分享探究课程时，我们经常提及这个问题。答案的核心和解决方法就是你——课堂上的教师，作为一堂探究课程的架构者和组织者，应该准备充分，考虑周全，清楚如何及何时调整探究课程，使其满足所有学生的需求，同时不影响课程的完整性。下面我们会为教师和助教们介绍一些干预的措施，便于大家在适当的时候及时给予学生帮助。

我们将会介绍一组由作者设计和经过测试的辅助工作表（见下文）。许多年轻的学生已经从这组工作表中获益良多。暂时跟不上的学生也可以经常利用这些辅助工作表，并通过团队合作的形式得到帮助和提高。如果在高等教育环境下使用探究课程，你可能会发现只需要直接采用这组辅助工作表中的大部分内容就可以完成教学了，当然也可以在第一次实施探究课程时直接使用它们。我们鼓励广大教师对这组辅助工作表提出新观点和建议，也非常乐意看到各位教师根据教学情况或风格修改并使用它们。它们是学习和课堂管理的有效工具，但是教师首先要根据教学实际情况进行适当的调整，使之适应你设计的探究课程。

## 针对不同类型学生的差异化策略

由于实际课堂中的学生更加多样化，因此针对不同类型的学生，我们提供学习内容的方式可以略有区别，以便让所有学生都能从同一课程中受益，这种调整方式是完全正确的。解决差异化的最佳选择是团队合作。除此之外，为更好地实施探究课程，可以与其他教师一同合作，为特定的班级制定具体的学习策略。以下列举了一些有效的教学策略，部分可供教师参考：

（1）运用辅助工作表，帮助学生记录、组织、整理探究课程内容中的关键要素。

（2）总结文章"要说的关注点或重点"，有助于学生阅读和理解。

（3）使用评估和反馈工作表，让学生将自己对课程的想法和建议充分表达出来，这样做最能反映出团队合作互动的有效性。这些反馈都可以作为课程设计改进的依据。

通过运用这些策略，你的教学将能够覆盖广泛多样的学生群体，并协助他们达成最终的学习目标；此外，还能够大大提高学生独立思考、自主学习及独立探索的能力。

# 关于背景知识

作为教育工作者，我们都应该认识到背景知识的价值，它在学生预习、处理新信息及最终达成学习目标的过程中起着重要的作用。对于那些在掌握新材料方面存在困惑的学生，较常见的方法是让他们上课前先看一些与新材料相关的内容，为预习做准备，然而探究学习模式改变了这种传统的方法。事实上，探究课程在达成学习目标方面的屡屡成功已经证明了这种教学方式的有效性，学生通常不需要预先准备背景知识作为铺垫，依然可以通过探究得出焦点问题的答案。在课堂上始终以焦点问题为中心是保持既定学习目标方向的有效方法。

然而，对于一些学习理解上有一定困难的学生，教师可能会建议他们提前预习一些课程的基本信息，这种方法是可行的，但前提是不能向他们提供有关焦点问题和答案的任何内容。教师可以决定在课程开始前先提供一些额外的信息。例如，你可能会根据课程内容提供一些重要人物的相关信息，让学生先予以关注，便于后期的教学。但是请记住，保护焦点问题的神秘感和完整性非常重要。向一些学习困难的学生预先透露部分课程内容，还是保持焦点问题的神秘感，教师应该根据实际情况做出最佳决定，以平衡两者之间的关系。

# 导向思考方式的使用

如果学生要从探究课程中受益，导向思考方式的使用也是至关重要的。作为教师，我们始终致力于让所有学生掌握要学习的知识——无论学生水平如何。支架式导向思考方式 [①]（scaffolding thinking）将支持和帮助有困难的学生更好、更快地掌握知识内容，并提高其参与度，让他们能够像普通学生一样达到预期的学习目标。艺术教育家菲利普·耶纳文（Phillip Yenawine）开发了一套提问技巧，旨在帮助学生在博物馆和艺术学校学习时获得更高水平的艺术内容和课程知识。这套方法被称为视觉思考技能（Housen & Yenawine，1999），其中的一些策略可以帮助学生通过层层引导的支架结构迈向目标——首先要求他们思考所看到的东西，然后通过相互关联的支架结构，从底层（即看到的东西或较表层的内容）向深层次逐步引导，一步步迈向目标。由于探究学习模式课程需要分析多条提示内容，因此任何有助于学生发展挑战性思维的策略都将是有益的。特别是在探究教学过程中，教师们通过运用支架式导向思考方式引导学生思考、处理和吸收新信息，这种教学模式会使学生获益匪浅。

教师或助教通常可以通过上述导向思考方式来尝试设计架构，引导各小组的学习和思考过程。在探究学习模式课程中展示提示内容或图片时，以下的架构内容和引导方法可能会对学生有所帮助。在阿比盖尔·豪森（Abigail Housen）和菲利普·耶纳文1999年出版的《视觉思考技能》（*Visual Thinking Strategies*）第4页中提到：

（1）让我们仔细观察一下（图片、提示内容等），你看到了什么？

（2）大家想·想可能发生了什么情况导致你现在看到的现象（提示内容）？

（3）为什么你会这样认为呢？或者是什么东西让你作出这样的判断？

（4）如果结合所有已展示出来的提示内容，我们能否发现一些更多的内容？

---

① 支架式导向思考方式主要是通过在学生当前知识状态与学习目标之间架构起层层递进、步步相联的引导内容，逐步引领和提示学生像攀爬支架般一步步地向目标方向思考前行，最终发现答案并获取知识，达成学习目标。

通过使用引导式问题（即支架式导向思考），教师可以引导学生层层递进地思考，帮助学生对提示内容进行深入分析。当然，必须确保我们作为教师不直接给出有关答案的内容或接近真相的核心部分——这是重要的原则。引导式问题（支架式导向思考）、视觉思考策略是我们用于学生差异化教学的有效工具和核心内容，能够帮助、引领学生围绕焦点问题对目标或提示内容进行分析和深度思考。

# 辅助工作表的应用

### 1. 课程规则

这是在实施探究课程中需要随时遵循的指导原则。规则内容既可以在上课期间投射或挂在教室的某个地方，也可以直接打印装订并在上课前分发给每个小组。可在本书第三讲步骤 2 时使用此辅助工具。

### 2. 小组成员的角色和职责

这个表格的主要作用是明确学习小组成员在探究课程中的不同角色和职责，以及在课程中需要遵守的规则内容。表格上有一处需要学生签名承诺遵守课程规则的要求。我们的建议是让学生在课程开始时阅读课堂辅助工作表中的课程规则并签署本文档（请参阅第三讲步骤 2 中的详细信息）。在学生填写评估和反馈表格时，应要求他们也对此内容提出意见。

### 3. "是 / 否"问答表格

通过运用这个表格，学生可以将本组和其他小组提出的问题和答案记录下来，这有助于学生根据一系列问题和答案综合分析思考，展开小组讨论，挑战性思维将在此过程中得到进一步提升。

### 4. 总结表格

在每节课程中间，一般需要在提示过程过半的阶段暂停一下——虽然我们没有特别指定在哪里暂停。一般来说，当你感觉到你的学生开始拼凑出一个初步的答案或答案的轮廓时，你就应该在这个节点上选择暂停。此时你可以选用这个总结表格，先要求各小组花几分钟时间针对焦点问题总结出一句答案，写在表格上方的位置，然后邀请各小组代表将他们的结果写在题板上，接着共同浏览一遍所写的内容，并将其中准确的内容（以及不准确的内容）标注出来。你可以根据现场情况，随机应变地利用课程中还未展示的提示内容，引导学生进一步朝正确的方向思考。

## 5. 评估和反馈表格

你可以在步骤 7 课程结束时使用这个表格。虽然最后一步很容易被忽略，但我们强烈建议你务必完成它——特别是如果你计划将来再设计一堂同类型的探究课程——让学生有机会评估他们所学到的知识和技能；而且评估和反馈这一行为可以使学生大大提升对课程中材料的记忆能力，发展挑战性思维，增进对协同合作的进一步理解。有关步骤 7 的更多信息请参阅第三讲的相关内容。

## 6. 出门门票

此表格仅用于最后的总结，这是一种评估课程有效性的快捷方式。通常情况下，当课程还剩下几分钟时，学生完成最后的评估和反馈表格后就会用到这张出门门票。他们填完需要填写的内容，就可以将门票交给教师并走出教室，这也意味着这堂课的结束。如果你想将门票用于成绩评定，就将学生的姓名设置于门票顶部位置；如果你仅仅将门票用于课程整体效果评估，而不一定是个别学生的成绩，那么就不需要知道学生的姓名。这种方式对于确定你的学生是否真正理解了课程中的概念至关重要。对教师来说，你还能由此了解学生在探究课程中思考和探讨的真实表现。

总之，我们开发了一种教学模式，我们认为这种模式可以提高学生的学习能力，增加学生学习的主动性和积极性。通过这种以学生为中心的教学模式，我们开发的课程可以提高学生的参与度、协同合作和相互学习的能力。探究学习模式适用于各个学科，并可由课堂上的教师根据情况适当调整和运用，以便满足他或她的教学需求。通过使用上述策略，教师可以很容易地实现教学方式的多样化和差异化。探究学习模式具有广泛的适用性，并且已被证明在增加学生学习主动性和提高学生学习能力方面具有显著效果。

# 课堂辅助工作表

- ✓ 课程规则
- ✓ 小组成员的角色和职责
- ✓ "是 / 否"问答表格
- ✓ 总结表格
- ✓ 评估和反馈表格
- ✓ 出门门票

## 课程规则

| 课程规则 |
| --- |
| 1. 每个小组将用 3~5 分钟时间对收到的提示材料进行讨论和分析。 |
| 2. 每个小组每次只能分配到一份提示材料，所以建议在组员中传阅一遍，务必使每个成员都有仔细观察的机会。 |
| 3. 每个小组讨论分析后，都要针对分析对象提出问题。同时提醒大家，必须时刻牢记课程开始就提出的焦点问题，思考分析的时候应该时刻与焦点问题相关联。 |
| 4. 每个小组在准备问题时，必须清楚教师回答问题的答案只能为"是"或"否"，只有记住这一点，准备的问题才具有针对性。同时提醒大家，答案"否"和答案"是"同样具有参考价值。 |
| 5. 在每一轮提问环节，轮到的小组每次只能提出一个问题。 |
| 6. 在提问环节，每个小组须安排两名记录员：一名负责记录组员对所有问题（包括其他小组的问题）脑力激荡后的讨论内容，另一名负责记录其他小组的所有问题和教师的答案（"是 / 否"问答表格）。 |
| 7. 请同学们集中注意力，因为每个小组的问题只提一遍，不容错过。 |
| 8. 每个小组的成员在讨论分析时，请保持轻声细语，不能影响到其他小组。 |
| 9. 小组的终极目标是对收到的所有提示材料进行分析探讨，发现线索，找到焦点问题的答案。 |

## 小组成员的角色和职责

记录员：负责记录本小组和其他小组的问题和教师回答的内容。

总结者：负责引领小组成员对焦点问题进行讨论，探索其答案或结论，并将结果写在题板上与其他小组分享。

计时员：负责时间管理，把握每一轮提问环节的时间，在必要时提醒团队保持专注，务必在规定时间内完成任务。

复核人员：负责确保小组提出的所有问题和讨论内容与提供的所有材料保持一致。

---

记录员：

总结者：

计时员：

复核人员：

---

小组成员在下方空白处签名，同意遵守以上课程规则并履行角色职责。

## "是 / 否"问答表格

小组成员：

日期：

焦点问题：

提示说明：将提问环节中的问题和答案记录在下面的表格里。

| 问题 | 答案 | |
| --- | --- | --- |
| | 是 | 否 |
| | 是 | 否 |
| | 是 | 否 |
| | 是 | 否 |
| | 是 | 否 |
| | 是 | 否 |
| | 是 | 否 |
| | 是 | 否 |

（续表）

| 问题 | 答案 | |
|---|---|---|
| | 是 | 否 |
| | 是 | 否 |
| | 是 | 否 |
| | 是 | 否 |
| | 是 | 否 |
| | 是 | 否 |
| | 是 | 否 |
| | 是 | 否 |
| | 是 | 否 |
| | 是 | 否 |
| | 是 | 否 |
| | 是 | 否 |
| | 是 | 否 |
| | 是 | 否 |
| | 是 | 否 |
| | 是 | 否 |
| | 是 | 否 |
| | 是 | 否 |
| | 是 | 否 |
| | 是 | 否 |
| | 是 | 否 |
| | 是 | 否 |

## 总结表格

| | |
|---|---|
| **小组成员:** | |
| **日期:** | |
| **焦点问题:** | |
| **提示说明:** 根据你们目前得到的所有提示材料和记录内容,经过小组讨论,用一句话对上述焦点问题作出回答。你们的结论对其他同学及后续的课程非常重要。在课程结束前,你们还有机会根据后面的信息来完善和修改结论。 | |
| **初步结论:** | |
| **最终结论:** | |

## 评估和反馈表格

| | |
|---|---|
| **姓名:** | |
| **日期:** | |

说明:请圈出问题 1~3 下面的选项。

1. 与课程开始时相比,我对今天所探究的主题_____。

    a. 了解更充分          b. 了解其中一部分          c. 了解没有变化

2. 在小组关于提示内容的分析和讨论中,我_____。

    a. 参与了所有的讨论          b. 参与了大部分讨论          c. 没有参与讨论

3. 我在_____认同小组的想法,在_____积极参与并提出自己的想法。

    a. 每一轮讨论中都          b. 大多数讨论中          c. 讨论中不 / 讨论中没有

（续表）

4. 阐述一下你是如何帮助你的小组分析这些提示内容的。

5. 你通过哪些方式使你的小组更好地进行讨论和分析？

6. 请在下方空白处用 5~10 句话针对课程开始时提出的焦点问题写下结论或答案。请务必使用所提供的材料和课堂中的论据来支持你的结论。

焦点问题：

结论 / 答案：

## 出门门票

姓名： _____ 日期： _____

焦点问题：

_____

答案：

_____

# 第五讲

## 探究学习模式课例

为使更多的教师理解如何将探究学习模式运用到以学生为中心的课堂教学中，我们根据本书第三讲"如何在教学实践中运用探究学习模式"中的步骤设计了五个课例，涵盖了历史、科学、英语、数学、对外汉语等不同的学科，旨在帮助那些开发新课程的教师。五个课例中采用了同样的课程设计模式和格式，包括：

（1）为教师准备的背景资料；

（2）关键词和相关术语；

（3）课程安排；

（4）焦点问题；

（5）步骤和提示内容。

每个课例中的课件资料可为教师直接采用。我们还为本书设计了相关网站，其中有探究学习模式的教学视频及相关内容。

# 课例 1   中国是如何创建第一个海上全球贸易网络的

和诸多人文社科类的探究学习模式课程一样,这类课程的答案往往不是唯一的,每个学生最后的结论可能都不一样。本课程的目的是为学生呈现一些关键因素,即关于中国是如何成为海上全球贸易网络的早期领导者的。这一课可作为了解中国明朝海外贸易、进贡制度等知识的历史课。虽然学生可能已经知道了一些郑和率领明朝舰队下西洋的故事,但他们并没有综合考虑那个时代的政治背景、技术和贸易因素,而本课将会对此进行全面的介绍并引发学生的分析和探讨。

## 为教师准备的背景资料

本课程介绍了中国在全球贸易中所发挥的领导作用。从丝绸之路到郑和下西洋,再到全面、深入地参与亚太区域经济合作,这是中国从古至今追求自由、广泛和互惠贸易的体现。在 2015 年华盛顿州西雅图市举行的当地政府和美国友好团体联合欢迎宴会上,中国国家主席习近平表示:"……中国是现行国际体系的参与者、建设者、贡献者。"中国正在亚太地区及非洲大陆加大投资力度。随着其他世界大国将注意力转移到本国内部,中国再次成为多个国家和地区的主要贸易合作伙伴及全球自由贸易的领导者。重温中国历史上在这一领域取得的成就,可以促使学生从历史的角度重新审视如今中国在世界舞台上的领导地位,并获得更深层次的理解。

15 世纪初,明朝永乐皇帝任命郑和为远航西洋(亚太地区)舰队的统领,负责开展海上贸易并搜集沿途各国的贡品。郑和一共进行了七次伟大的航行,从南京出发,经过现今的印度尼西亚部分地区,最远到达过现今肯尼亚的蒙巴萨市。最引人注目的是他带领的庞大舰队,当时远超任何国家的海军舰队,在未来相当长一段时间内无人可及。该舰队由 300 多艘船组成,船员近 3 万人;有专门运送食物、牲畜、水等用于物资供应的船只;其中数十艘船载着军队、外交官、贸易交流的货物,并将沿途各国的贡品带回中国献给当时的明皇帝朱棣。如此大规模的舰队曾在当时的沿海地区引起巨大的轰动,东非沿海地区的土著人往往把到达的舰队描述为来自异世界的、令人恐惧和难以理解的东西。不过幸运的是郑和所率领的舰队不是为了占领和征服，而是为了开展贸易活动，建立合作伙伴关系，以及展示中国的政治和科技实力。

随着政权的统一、航海技术的发展和海外贸易的兴起，明朝的西洋之行取得了巨大的成功。接下来的课程需要通过展示不同形式的提示内容，如地图、文档资料及其他物品等，让学生通过探究学习寻求焦点问题的答案：中国是如何创建第一个海上全球贸易网络的？课程首先着眼于明朝海军、郑和船队实力强大的原因和先进的技术（如竹子样式的水密隔舱结构、指南针和精细复杂的丝绸帆等），然后对贸易路线考察、儒家价值观与明朝繁荣景象之间的关系，以及政府对探险和贸易所作出的支持展开讨论，接着探讨航海、贸易对交易双方产生的有益影响（中国的瓷器及被运回明朝皇宫的长颈鹿就是典型的例子），最后以郑和率领的七次航行的航海地图结束。

## 关键词和相关术语

| 关键词 | 相关术语 |
| --- | --- |
| 航海<br>西洋航行<br>舰船 | 朝贡体系<br>全球贸易 |

## 课程安排

| 项目 | 在课程期间学生将要…… |
| --- | --- |
| 与技能相关的 | 1. 分小组合作学习<br>2. 分析主次文件信息<br>3. 从各种提示内容中寻找与答案相关的线索<br>4. 从各种不同的地图中得到有关联的信息<br>5. 分析各类文档资料后准备要提出的问题<br>6. 针对焦点问题初步形成一个较完整的答案<br>7. 根据新增的各种信息完善焦点问题的最佳结论 |
| 与内容相关的 | 1. 联系当时的多种因素（政治、经济、科技）讨论中国航海贸易成功的原因<br>2. 认识中国不同时期（古代和当代）在全球贸易中所扮演的角色<br>3. 围绕整个西洋航行始末总结一些重要的、有重大意义的事件 |

## 焦点问题

本课的焦点问题是：中国是如何创建第一个海上全球贸易网络的？教师所选定的焦点问题往往取决于课程的主题。

## 步骤和提示内容

有关探究课程设计和实施步骤的指导说明在本书第三讲已有详细阐述。在课程开始之前，务必注意请将作为提示内容的物品放置于学生视线之外而教师方便拿取的位置。同时要先完成分组的任务，具体的分组情况应根据班级人数等因素进行调整——可以参阅本书第三讲的相关内容（理想情况下，每个小组有 3~4 名学生）；然后以小组为单位安排课桌座位，以方便小组的合作交流为前提；最后在题板的显著位置写下焦点问题：中国是如何创建第一个海上全球贸易网络的？

### 步骤 1：调研和准备

此步骤已为你准备好了，你只需要熟悉一下准备的背景资料，并阅读本书列出的课件内容，就可以说是完成了第一步，并大致准备好接受学生的提问了。

### 步骤 2：介绍焦点问题

在课程开始时，安排学生按分好的小组落座，随后发放课程规则并作必要的解释（详见第三讲步骤 2 和第四讲课程规则）。从一开始就为每个小组提供一份课程指南（内容包含课程规则和小组成员的角色分配、职责等）。让学生阅读后签名，承诺遵守相关的课程规则。接下来就可以介绍课程的焦点问题，然后直接进入第一条提示内容的展示环节。

### 步骤 3：提问环节

该环节主要侧重于让学生对各种提示内容进行分析和讨论。本课例的第一条提示内容是一段竹子。学生尝试着在焦点问题和竹子之间发现其内在的联系，过了一段时间后可再向他们展示一张竹腔横截面的照片。

提示内容 1：竹竿和竹腔横截面的照片

竹子有一些不可思议的特性，它坚固、轻便、可弯曲、有韧性，是一种很好的建筑材料。学生可以从竹子内部独立腔室结构的图片中比较容易地找出竹竿能够漂浮在水面上的原因。通过对这条提示内容的讨论，学生会认识到明朝宝船内部船体与竹竿内部结构的相似之处。这张照片会立即吸引学生的注意力并促进他们的挑战性思维，接下来可以让学生在小组中花些时间展开讨论。

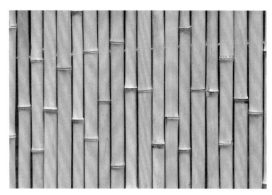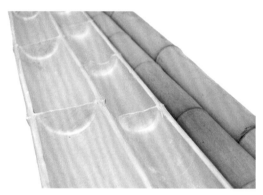

提示内容 1：竹竿和竹腔横截面的照片

小组讨论大约 3 分钟就可以了，学生必须准备好提出两个或更多的问题。这段时间内，教师需要在各小组之间巡逻并留心倾听学生正在准备的问题。根据经验，教师此时一般能够大致决定如何安排各小组提问的顺序，这个顺序一定是有利于逐步增进学生对探究课程的了解，或将他们向焦点问题答案引导的。

当小组讨论结束后，教师根据先前决定的顺序邀请各小组学生依次提问，一定要坚持只给出"是"或"否"的答案（请参阅第三讲步骤 2 中的相关内容）。同时，要让每个小组都有机会提出问题，确保每个学生都能够听到问题和答案，并鼓励学生记录问题和相关内容，学生会从中发现逐渐明朗的真相。正如你所看到的那样，那些仔细倾听其他小组问题的学生有一个明显的优势——听到各小组的问题和答案，从中获得信息，从而有可能修改或改进他们的问题。因此，鼓励学生认真倾听是一种非常有效的课堂管理策略。

展示提示内容，各小组进行讨论，各小组依次提问，教师进行回答，这样一轮结束后，再以同样的方式继续展示余下的几条提示内容。你可以根据课堂实际情况选择让哪一小组开始每轮的提问，也可以轮换，避免每次都从同一小组开始。

提示内容 2：《当中国称霸海上》（ *When China Ruled the Seas* ）节选

美国学者李露晔（Louise Levathes）在《当中国称霸海上》一书中这样写道：明朝初期，

中国的航海技术已经远远领先于当时世界上的任何国家或地区。在明朝之前，中国人已经能够建造双层船体，船体有水密隔舱，其构造与竹腔的自然结构非常相似。这种设计可以在海战撞击中起到保护船只的作用，避免船只下沉的风险。另外，水密隔舱还可以储存淡水，用于长途海洋航行。另一项创新是船尾升降舵的发明，该船舵连接在船外的后柱上，可以根据水的深度调节舵的高度，使较大的船只也能够在水位低的海域（例如靠近海岸线的水域等）航行。

> 宝船的先进技术主要源于当时中国的一项科技创新：根据竹子内腔的自然结构设计的多室水密舱室构造的船体。同时宝船还使用了一种可以升降的平衡舵，从而使船体获得更强的稳定性。一个起到平衡作用的船舵放置于船尾方向舵的前方，这样的双舵结构使宝船这样的巨大船只非常容易操纵，而且船舵都是可以升降调节的。直到18世纪末或19世纪初，欧洲造船才开始使用水密船舱结构以及船尾柱和平衡舵。

提示内容2:《当中国称霸海上》节选

提示内容3：与指南针有关的图文

从9世纪开始，中国人就开始在船上使用磁罗盘指南针以方便航行，比欧洲人整整早了200年。指南针漂浮在石头做的水盆内，水能起到缓冲的作用，有助于减轻船的摇摆对指南针的影响；指南针一头指向正北，另一头当然就是南方。在3~4世纪的时候，中国人已经建造出以风帆为动力的三桅和四桅船（比欧洲早了1000年）。到了11~12世纪，他们又开始使用从阿拉伯引进的吊耳和三角大风帆，进一步提高了在风中航行的能力。

本课例的第三条提示内容与指南针有关。上方的图是一张邮票，以红色丝绸帆为特色，展现了"当时中国船只航行于海面的情形"，文字记录来自美国学者李露晔。下方展现了水桶指南针的内容以及郑和1405年远征卡利卡特之前有关罗盘祈祷的文字记录。

……这些船上有九个交错的桅杆和十二个用红色丝绸布制成的方形帆。

我们希望并祝愿当罗盘针放在碗里时，它总是指向真正的南北、东西，从黎明到黄昏，船长始终受到正确的指引，穿越大海，来来往往，我们沿着正确的路线，这意味着人们和船舶都满足和平安，在海上安然无恙，远离暗礁，高高挂着风帆而无须担心……

提示内容 3：与指南针有关的图文

**步骤 4：总结初步的结论**

在任何一个提问环节，当你感觉到学生可能已经接近焦点问题的答案时，请暂停提问。从本课现场教学的测试结果来看，这种暂停最有可能出现在提示内容 3 之后。随后教师可以要求每个小组写出一个句子或一条理论综述，对焦点问题"中国是如何创建第一个海上全球贸易网络的？"的答案进行总结。教师需要在各小组之间来回走动，时不时地帮助学生修正用词，并质疑一下他们假设的结论，或测试一下证据的可靠性，因为教师的主要责任是用不同的方式来引导学生。这个过程通常需要大约 10 分钟，但时间长短可能会根据学生的能力水平而有所不同。当各小组得出结论后，你可邀请每个小组中的一名成员上台在题板上写下答案，借此机会评估整个班级对课程内容的理解程度以及误读的偏差程度。其他小组的结论有助于学生进一步拓展思维。这种方式对明显存在差异的小组特别有用。第四讲提供的辅助工作表"总结表格"可用于帮助学生完善结论。

当所有小组都在题板上写下初步结论后，你就需要审视一下这些结论的准确性。切记一定不要直接地批评任何结论，即使它远远不够理想，毕竟这些结论是学生努力后的最佳结果。重点提醒学生或突显那个最接近最终答案的结论，并鼓励他们参考这些结论回顾讨论过的提示内容，作进一步的思考和挖掘。

**步骤 5：继续展示和研讨余下的提示内容**

教师可以按照以上方式继续进行提问环节，直到所有提示内容展示完毕。

提示内容 4：一张古代的"世界地图"

这是一张"世界地图"，地图上清楚地标注出了美洲。

利玛窦（Matteo Ricci）是一名耶稣会士，于 1583 年前往中国传教。这张地图是利玛窦与中国学者、工匠共同创作的杰作，当时中国位于地图中心位置。

提示内容 4：一张古代的"世界地图"

提示内容 5：木刻版画

这幅木刻版画所展示的是明朝龙江造船厂的平面图，它清晰地标注了造船厂内部各种作坊的位置，同时也能看出部分制船工艺流程。

位于版画左侧的是木工、铁器制作及航海帆等各种作坊，总装生产线船坞位于版画中间的位置，并且与长江相通，船只完成后可直接驶入长江水路。

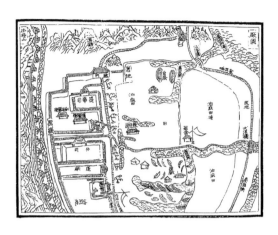

在明朝永乐年间（朱棣统治时期），龙江造船厂的面积几乎翻了一倍，总面积覆盖几平方英里……也许是中国古代历史上最大的造船厂。1402年5月，皇帝命令福建省制造137艘航海船只……而同时苏州、江苏、浙江、湖南和广东再生产200艘……在1403年，朝廷曾下令沿海各省份尽快改制188艘海洋平底运输船用于后勤保障供应。从1404年到1407年，为了执行皇帝朱棣派遣的各种任务，初步统计，建造或改造的船只达到1681艘。也是在1403年，永乐大帝发布命令，开始建造一支由贸易船只、军舰和支援船只组成的大型舰群，主要用于访问中国海域和印度洋的各个港口。

——节选自《当中国称霸海上》

提示内容5：木刻版画

提示内容6：一幅展现非洲向明朝宫廷进贡长颈鹿的画和一张明朝陶瓷花瓶的照片

建立西洋航行船队的目的之一是帮助朝廷在多年内战之后补充国库。通过重建中国沿海和印度洋的海上贸易航线，中国人将再次分享香料贸易带来的丰厚利润，而此前这一利益一直被海盗和土匪独占。下西洋的船队满载着各种货物，如丝绸、棉布、铁、盐、大麻、茶、酒、油和蜡烛，还有来自各地的瓷制花瓶和餐具等物品。考虑到运载如此大规模的贸易货物和物资，再加上长途的航行，因此需要一支庞大的船队来保障和保护这笔巨大的财富。一旦明朝下西洋的舰队启航，中国船队将在海上展示其主导地位，并在其航行的路线上为贸易船队护航，海盗抢劫等行为自然会因受到打击而随之减少。

**步骤6：修正完善结论并讨论**

随着对课程内容理解的深入，可以要求学生重新回顾一下他们原先的结论，并进行修改或完善。根据课堂剩余时间，可邀请 1~3 个小组的代表各自陈述焦点问题的答案。随后以此为契机，引导学生就中国如何创建第一个海上全球贸易网络展开讨论。同时也要鼓励学生针对课程主题进行开放性提问，教师则可以利用这个机会，在回答的过程中将一些缺失的信息传递给学生。

《瑞应麒麟图》，现存于台北故宫博物院

明朝宣德年间的青花陶瓷瓶（公元 1426~1435 年），现存于纽约大都会艺术博物馆

提示内容 6：一幅展现非洲向明朝宫廷进贡长颈鹿的画和一张明朝陶瓷花瓶的照片

**步骤 7：评估与反馈**

本课程的最后一个步骤是鼓励学生对本课程学习情况作出评估和意见反馈。可以使用第四讲的评估和反馈表格来完成。由于本课程具有很大的灵活性，可从地理、政治、历史等不同角度切入，因此评估内容也应有所侧重，可考虑针对不同学生的学习目标进行调整。

# 课例 2  亨丽埃塔·拉克斯的故事

本课通常是 20 世纪美国历史单元的一部分，重点讲述了民权运动和非裔美国人的历史。它也可以置于妇女权利、妇女生殖权利或医学伦理的背景下。如果把本课放在科学或历史课堂上，则可以将主题与医学伦理学联系起来。在人文社科类课程或英语语言艺术课程的课堂上，可以将侧重点放在 20 世纪中期美国社会中弱势社区和种族群体所扮演的角色上。

## 为教师准备的背景资料

亨丽埃塔·拉克斯（Henrietta Lacks）1920 年出生于美国弗吉尼亚州，父母都是奴隶的孩子。拉克斯的母亲在生下第十个孩子后去世，她的父亲没有能力独自抚养这些孩子，于是把孩子分给了家里的亲戚。拉克斯 4 岁时在她祖父的烟草农场开始了新的生活。和她祖父一起生活的孩子包括亨丽埃塔的大表哥戴维·拉克斯（David Lacks）。亨丽埃塔与戴维的早期交往情况尚不清楚，但众所周知，拉克斯在 14 岁时与戴维生下了第一个孩子，几年后又生下了第二个孩子。20 岁时，她嫁给了戴维，从弗吉尼亚州搬到了马里兰州，戴维在那里从事钢铁行业的工作。拉克斯在 30 岁之前总共有五个孩子，她的最后一个儿子名叫约瑟夫，出生在马里兰州巴尔的摩的约翰斯·霍普金斯医院。这家医院距离拉克斯家不到半小时路程，是附近唯一一家为非裔美国人提供医疗服务的医院。在约瑟夫出生的几个月内，拉克斯被诊断出患有宫颈癌，并在医院接受了短暂的治疗，可惜没有成功。治疗期间，约翰斯·霍普金斯医院的一名医生对拉克斯的肿瘤样本进行分析，并将其交给约翰斯·霍普金斯大学的癌症研究员乔治·盖伊（George Gey）博士。正是在这一节点，亨丽埃塔·拉克斯故事中的细节转向了科学研究。

亨丽埃塔·拉克斯身上所发生的故事与疫苗、癌症、遗传学和医学有关。同时，本课与生物学也有密切联系，通常涉及高中生物课程的内容，特别是最常见的基因链。正常细胞通过有丝分裂进行自我繁殖。有丝分裂是一个细胞分裂成两个相同细胞的过程，这两个细胞在基因上也与原始细胞相同。有丝分裂的周期分五个阶段进行。细胞大部分时间都处于被称为间期的非分裂阶段。身体将决定细胞何时需要分裂——也许是为了修复损伤，或是当孩子处于生长期时。这是一种基因启动并关闭分裂的过程。当该基因向细胞发出信号启动分裂序列时，细胞进入前期。这一阶段，细胞核中的 DNA 会自我复制，这样就会有两组染色体，足以容纳两个子细胞。然后进入下一阶段，即中期，染色体沿着细胞的赤道板成对排列。后期，姐妹染色单体向相反的两极移动。末期，细胞分裂成两半。这两个相同的细胞可以在间期生长，直到再次接收到启动有丝分裂序列的信号。

这是正常细胞的生命。癌症细胞以完全相同的方式分裂，但不会关闭分裂序列，所以它会持续分裂。肿瘤是一团细胞，当身体不需要时，这些细胞会一次又一次地分裂。从亨丽埃塔·拉克斯的肿瘤中提取的癌症细胞被称为 HeLa 细胞。这些 HeLa 细胞自 1951 年从拉克斯身上提取出来后一直在持续分裂，已经产生了成吨的细胞。医生只需给细胞"喂食"，细胞就会不断分裂。如今，这些细胞几乎出现在美国所有的生物实验室中。

在探讨更多本课与科学的联系之前，还有一个和数学有关的问题。从拉克斯身上提取的原始细胞目前已分裂为多少个细胞？根据丽贝卡·斯克鲁特（Rebecca Skloot）的《亨丽埃塔·拉克斯的永生》（*The Immortal Life of Henrietta Lacks*）一书估计，自 1951 年以来，HeLa 细胞生长的质量与蓝鲸的质量相当。

由于细胞的生命周期保守估计是一个小时，培养良好的细菌细胞将在不到半小时内经历一代，因此我们可以计算出 HeLa 细胞自 1951 年以来可能的世代数量。这是 70 多年前的事了。70 年中有 60 多万个小时——613620 小时等于 70 乘以 365.25 再乘以 24。如果从一个细胞开始，一个小时后有两个细胞，再过一个小时有四个细胞，以此类推，今天细胞的数量将增加到 2 的 613620 次方。这是一个普通计算机无法计算的数字。许多计算机只能处理至 2 的 1023 次方。如果这些细胞真的每小时翻一番，那么今天，它们将不仅仅充满银河系。如果你想知道以这种速度达到蓝鲸的质量需要多长时间，那只需要大约 52 个小时，也就是两天后。这些细胞将在 119 小时内达到地球的质量。这是使用每克 5000 万个细胞粗略估计的结果。

有一本关于几何级数的书叫《一粒米》（*One Grain of Rice: A Mathematical Folktale by Demi*），书中讲述了一个叫拉尼的女孩非常聪明，当她做了一件好事后，国王提出要奖励她，而她所要求的只是第一天吃一粒米，第二天吃两粒米，第三天吃四粒米，以此类推，持续 30 天，贪婪的国王答应了，但没有意识到这实际上相当于他储存的全部大米，后来拉尼把这些大米送给了村庄里饥饿的人们。这本引人入胜的儿童读物向学生呈现了一个复杂的数学概念。

亨丽埃塔·拉克斯的故事也与疫苗接种和免疫系统有关。这个话题在大多数高中生物课程中并不占主要地位。在 20 世纪 40 年代和 50 年代初，脊髓灰质炎（俗称小儿麻痹症）是一种令人担忧的疾病，它由脊髓灰质炎病毒引起，用抗生素治愈不了。

青霉素于 1928 年被首次使用，极大地降低了细菌感染的发生率。但病毒不像细菌那样具有细胞结构。病毒由蛋白质外壳和内部的遗传物质组成。它不能独立生存，必须寄生在其他生物的细胞内。在生物体内，它以宿主细胞为食实现自我复制。

人体免疫系统通过多种方式对抗病毒。其中一种方法是产生抗体。抗体是人体在检测到病毒等外来物质时产生的蛋白质，它们依附在病毒上，"招募"白细胞来吞噬病毒。抗体对特定病毒具有特异性，因为在分子水平上其有效性取决于分子的形状。因此，一种病毒的抗体只能依附在该特定病毒上。

有些抗体将无限期地存在于人体内，一旦病毒再次入侵，这些抗体就会发挥作用。但问题是当脊髓灰质炎病毒攻击人体时，人体的免疫反应不够快，导致病毒在抗体产生前就大量繁殖。免疫系统是抗体的幕后推手，一旦抗体生长速度较慢，就无法赶上并消灭病毒。

一种脊髓灰质炎疫苗的开发与拉克斯和她的癌症细胞有关。乔纳斯·索尔克（Jonas Salk）博士开发了一种疫苗，他将一种灭活的脊髓灰质炎病毒注射到一名受试者体内。这种灭活的病毒无法繁殖，不会导致疾病，但它的存在能够使接种疫苗的人产生抗体。一旦真正的病毒入侵人体，抗体就会在病毒扎根前攻击它，这就是疫苗的工作原理。不过，这与亨丽埃塔·拉克斯有何联系？

因为在使用索尔克的疫苗之前，需要对其进行测试，看看它是否能刺激人体产生抗体。测试步骤包括给孩子接种疫苗，然后将孩子的血清（希望含有抗体）与脊髓灰质炎活病毒和一些细胞混合。如果血清中含有抗体，病毒就无法感染细胞，科学家们能够在显微镜下分辨出这一点。在发现 HeLa 细胞之前，细胞的来源一直是猴子。当进行测试时，科学家会杀死一只猴子并采集其细胞。改用人类细胞进行这项测试并不是出于对动物的担忧，毕竟在 20 世纪 50 年代公众还没有对从事动物实验提出强烈抗议。真正的原因和财政有关，因为从猴子身上获取细胞真的很昂贵。

索尔克原本的想法是测试 200 万份样本，但预计成本将达到数百万美元，所以最终没有进行如此大规模的现场测试。HeLa 细胞作为一种廉价的替代品，使这种测试在经济上可行。自脊髓灰质炎疫苗问世以来，HeLa 细胞在无数医学的发展与进步中起到了至关重要的作用。

## 关键词和相关术语

| 关键词 | 相关术语 |
| --- | --- |
| 亨丽埃塔·拉克斯 | 免疫系统 |
| 乔纳斯·索尔克 | 免疫 |
| 遗传学 | 病毒 |
| 细胞研究 | 癌症 |
| 有丝分裂 | 肿瘤 |
| 脱氧核糖核酸 | 种族歧视 |
| 抗体 | 细胞研究 |
| | 小儿麻痹症 |
| | 公民权利 |
| | 蛋白质类 |

## 课程安排

| 项目 | 在课程期间学生将要…… |
| --- | --- |
| 与技能相关的 | 1. 分小组合作学习<br>2. 分析主次文件信息<br>3. 从各种提示内容中寻找与答案相关的线索<br>4. 分析各类文档资料后准备要提出的问题<br>5. 针对焦点问题初步形成一个较完整的答案<br>6. 根据新增的各种信息完善焦点问题的最佳结论 |

（续表）

| 项目 | 在课程期间学生将要…… |
|---|---|
| 与内容相关的 | 1. 分析社会经济地位对亨丽埃塔·拉克斯生活的影响<br>2. 找出种族限制亨丽埃塔·拉克斯一生选择的方式<br>3. 考虑科学使用个体细胞的合理性 |

## 焦点问题

本课的焦点问题是：这些细胞属于谁？与其他课程的一些焦点问题不同，这个问题是一条重要线索，即向学生表明了课程主题与一个人的细胞有关。因为本课包含根植于公民权利、人权、妇女生殖权利、非裔美国人历史和医学伦理等多个领域的内容，所以仅仅揭示调查的核心部分并不能说明太多问题。如果需要一个更抽象的问题，教师可以问：围绕这个人的死亡有什么伦理问题？

## 步骤和提示内容

有关探究课程设计和实施步骤的指导说明在本书第三讲已有详细阐述。在课程开始之前，务必注意请将作为提示内容的物品放置于学生视线之外而教师方便拿取的位置。同时要先完成分组的任务，具体的分组情况应根据班级人数等因素进行调整——可以参阅本书第三讲的相关内容（理想情况下，每个小组有 3~4 名学生）；然后以小组为单位安排课桌座位，以方便小组的合作交流为前提；最后在题板的显著位置写下焦点问题：这些细胞属于谁？

### 步骤 1：调研和准备

此步骤已为你准备好了，你只需先熟悉一下上面的背景资料，再研究一下本书列出的课件内容，就算是做好了充分的准备工作，可以回答学生可能提出的问题了。

### 步骤 2：介绍焦点问题

在课程开始时，安排学生按分好的小组落座，随后发放课程规则并作必要的解释（详见第四讲）。从一开始就为每个小组提供一份课程指南（内容包含课程规则和小组成员的角色分配、职责等）。让学生阅读后签名，承诺遵守相关的课程规则。接下来就可以介绍课程的焦点问题，然后直接进入第一条提示内容的展示环节。

### 步骤 3: 提问环节

提示内容 1: 亨丽埃塔·拉克斯的照片

本课例的第一条提示内容是亨丽埃塔·拉克斯的照片。这张照片可能是拉克斯 20 多岁时在马里兰州拍摄的，除此之外，人们几乎一无所知。教师在照片下方有意写上拉克斯的出生日期和死亡日期。这些信息会促使学生思考为什么她的生命如此短暂。结合焦点问题，学生应该能理解拉克斯的细胞是本课的关键。不过此时他们可能还意识不到拉克斯的种族是解开谜团的一个重要因素。可以给学生 3~5 分钟的时间，让他们分组讨论。在指定时间结束时，学生必须准备好提出两个或更多的问题。

提示内容 1: 亨丽埃塔·拉克斯的照片

这段时间内，学生需要分析线索，在小组内交流，教师应该倾听学生提出的问题。你可能会发现，按照特定的顺序安排小组提问，可能有利于逐步增进学生对课程主题的理解。你可能还会发现，有时需要引导学生或为他们指明方向。例如，如果你在巡逻时注意到有一个小组无视拉克斯照片下方的日期，你可能需要巧妙地将他们的注意力引向这个细节。

当小组讨论结束后，请各小组学生举手依次提问。一定要坚持只给出"是"或"否"的答案（请参阅第三讲步骤 2 中的相关内容）。同时，要让每个小组都有机会提出问题，确保每个学生都能够听到问题和答案，并鼓励学生记录各小组的问题、答案和相关内容。正如你所看到的那样，那些仔细倾听其他小组问题的学生有一个明显的优势——听到各小组的问题和答案，从中获得信息，从而有可能修改或改进他们的问题。因此，鼓励学生认真倾听是一种非常有效的课堂管理策略。

第一轮结束后,再以同样的方式继续展示余下的几条提示内容。你可以选择轮换每一轮提问的小组,以避免每次都从同一小组开始。

提示内容 2: HeLa 细胞的照片

这张色彩鲜艳的照片使学生能够将亨丽埃塔·拉克斯与焦点问题中提到的细胞联系起来。他们通常会提出有关疾病的问题,并了解到拉克斯死于某种类型的癌症。不过,此时学生并不了解 HeLa 细胞的关键特征,即它们具有攻击性和惊人的繁殖特性。

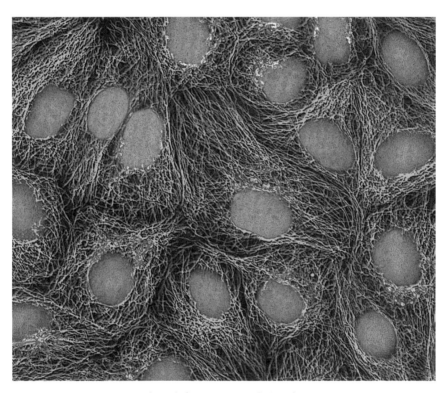

提示内容 2: HeLa 细胞的照片

提示内容 3: 关于乔治·盖伊博士的文字摘录和他的照片

这段文字节选自丽贝卡·斯克鲁特的《亨丽埃塔·拉克斯的永生》一书。作为与本课程主题相关的优秀资源,本书探讨了盖伊毫不犹豫就接受拉克斯细胞的原因:他一直致力于寻找和培养可用于科学研究的"永生细胞"。

盖伊和他的实验室是第一个注意到拉克斯的癌症细胞是永生的,这将彻底改变医学研究的面貌。事实上，当他将自己描述为"世界上最贪婪的秃鹫，几乎一直以人类样本为食"时，这句话就表明他对永生细胞系的不懈追求。

　　盖伊和他的妻子玛格丽特一直致力于在体外培养恶性肿瘤细胞，已经整整努力了 30 年。他们希望利用这些细胞来寻找癌症的病因和治疗方法。但是大多数细胞很快就死亡了，少数存活下来的细胞也是奄奄一息，几乎不再生长。盖伊夫妇下定决心，一定要找到第一种永不死亡的人类细胞：也就是说，他们希望找到一种细胞可以不停分裂，不断更新，永不死亡。8 年前，也就是 1943 年，美国国立卫生研究院曾用小鼠细胞证明了这一点。盖伊夫妇的目标就是找到不死的人类细胞——他们不在乎用什么样的组织，只要来自人体就行。

　　盖伊拿走了他能拿到的任何细胞，他称自己为"世界上最贪婪的秃鹫，几乎一直以人类样本为食"。因此，当著名的妇科医生理查德·韦斯利·泰林德（Richard Wesley TeLinde）提出要向他提供宫颈癌组织，以换取他试图培养的一些细胞时，盖伊毫不犹豫就答应了。从此以后，泰林德开始从霍普金斯大学所有宫颈癌患者身上采集样本，其中也包括拉克斯。

　　　　　　　　　　　　　　　　　——节选自《亨丽埃塔·拉克斯的永生》

提示内容 3：关于乔治·盖伊博士的文字摘录和他的照片

　　亨丽埃塔·拉克斯的丈夫戴维·拉克斯最初拒绝医院对其进行尸检。但约翰斯·霍普金斯大学的医生表示从尸检中获得的信息未来有可能会对他的孩子有所帮助。考虑到这一点，戴维·拉克斯同意了尸检。在获得许可后，医生可以自由地从拉克斯的遗体上采集组织样本，用于未来的科学研究。

　　这条提示内容会让学生误以为盖伊是拉克斯的医生。事实上，盖伊不是她的医生，我们甚至不确定他是否见过拉克斯。尽管如此，盖伊在决定拉克斯细胞的命运及其未来在医学研究中的应用中发挥着核心作用。

　　提示内容 4：歌曲《海伦·莱恩》的歌词

　　这条提示内容揭示了许多拉克斯生活的细节。与其他提示内容不同，即每组只能获得一份提示内容，这份歌词建议学生人手一份，因为这是一份篇幅很长的文本。研究发现，如果给学生留出足够的时间通读和书写，他们就能更好地解释和了解其中的信息。所以教师要事先抄好一份歌词放到课堂上。

这首歌非常有表现力，建议学生收到歌词副本后先花几分钟通读一遍，然后听一听。听完后，再给学生几分钟时间来分析和提问。除了提示内容 3 之外，这首歌同样能让学生就拉克斯在 20 世纪 50 年代的医疗体系中是否得到公平对待提出自己的疑问。这些提示内容有助于学生在课程结束后作进一步讨论。

海伦·莱恩

好吧，我提议为细胞分裂者干杯

用最棒的

她是一个可以自我炫耀的幽灵

在全国各地的每一个 HeLa 细胞中

她比香奈儿、卡地亚或圣罗兰

更加流行

但她已经厌倦了如此庞大的身躯

在离心机里晕头转向

她很快被冻住了，但色彩鲜艳如常

囚禁她的细胞就是为永生而修建的


亲爱的海伦·莱恩

你知道你棺材的最后一颗钉子

比蓝鲸还大吗？

因此它将继续存在

只要那些细胞生物学家们

喜欢窥探你的隐私


这是一个巨大的耻辱

在全国各地展示

大规模的突变

比蓝鲸还大


亲爱的海伦·莱恩

你知道你留下的那点东西

可能有助于治愈自己的同类吗？

也许你可以要求

在每个教堂拥有一个圣洁的栖息之处

因为你对研究作出的贡献


早在 1951 年，夫人得了一种病

宫颈异常

这导致了她的死亡

细胞被进行活检

显示这是一种恶性肿瘤

但也有一种倾向

繁殖速度如此之快

科学家们继续研究

想看看还有什么其他用途

因为她扩张的特性

他们将她广泛分享

深入每个好的实验室

她的名声在全球传播

直到今天，她仍被称为

有史以来最大的孤独的克隆者

拟南芥和果蝇

可能会给她一些建议

关于如何让自己保持冷静

当你成为一个研究工具

亲爱的海伦·莱恩

你知道围绕你的那群小小的秃鹫

对弱势群体分而治之吗？

但这并不能怪你

以你之名

他们曾篡改事实

可那真是亨丽埃塔·拉克斯吗？

亲爱的海伦·莱恩

你知道你留给科学的那部分

现在是巨人中的巨人吗？

在更高的层面上

你无处不在的问题

已给出答案

上帝是一名黑人妇女的癌症

*提示内容4：歌曲《海伦·莱恩》的歌词*

### 步骤4：总结初步的结论

此时，我们建议你停下来，要求每个小组写出一个句子，对焦点问题"这些细胞属于谁？"的答案进行总结。教师需要在各小组之间来回走动，时不时地帮助学生修正用词，质疑一下他们假设的结论，或测试一下证据的可靠性。这个过程通常需要大约10分钟，但时间长短可能会根据学生的能力水平和探究经验而有所不同。

当各小组得出结论后，你可邀请每个小组中的一名成员上台在题板上写下答案，借此机会评估整个班级对课程内容的理解程度以及误读的偏差程度。其他小组的结论有助于学生进一步拓展思维。这种方式对明显存在差异的小组特别有用。

当所有小组都在题板上写下初步结论后，你就需要审视一下这些结论的准确性。切记一定不要直接地批评任何结论，即使它远远不够理想，毕竟这些结论是学生努力后的最佳结果。重点提醒学生或突显那个最接近最终答案的结论，并鼓励他们参考这些结论回顾讨论过的提示内容，作进一步的思考和挖掘。

**步骤5：继续展示和研讨余下的提示内容**

教师可以继续进行提问环节，直到所有提示内容展示完毕。

提示内容5：1940~2000年美国报告的脊髓灰质炎病例

这条提示内容促使学生质疑焦点问题"这些细胞属于谁？"。学生可能很想简单地回答："它们是亨丽埃塔·拉克斯的细胞。"事实上，由于HeLa细胞对医学研究产生了巨大的影响，可以说她的细胞属于时代。

在这一轮讨论环节，学生最常提出的问题是"亨丽埃塔·拉克斯的细胞与脊髓灰质炎的治疗有关吗？"。他们尝试根据脊髓灰质炎疫苗的开发日期和亨丽埃塔·拉克斯去世的年份来提问。一旦他们确定HeLa细胞对脊髓灰质炎疫苗的研制至关重要，医学界有关HeLa细胞说法的"合法性"问题就变得更加模糊不清。

| 年份 | 病例数 | 事件 |
|------|--------|------|
| 1940 | 9,804 | |
| 1945 | 13,624 | |
| 1946 | 25,698 | |
| 1947 | 10,827 | |
| 1948 | 27,726 | |
| 1949 | 42,033 | |
| 1950 | 33,300 | |
| 1951 | 28,386 | |
| 1952 | 57,879 | |
| 1953 | 35,592 | 索尔克和他的同事开发了一种潜在安全的灭活（杀死病毒）注射脊髓灰质炎疫苗 |
| 1954 | 38,476 | 近200万儿童参加了实地试验 |

（续表）

| 年份 | 病例数 | 事件 |
|------|--------|------|
| 1955 | 28,985 | |
| 1960 | 3,190 | 美国小儿麻痹症的发病率下降了85%~90% |
| 1965 | 72 | |
| 1970 | 33 | |
| 1975 | 8 | |
| 1980 | 9 | |
| 1985 | 7 | |
| 1990 | 6 | |
| 1995 | 6 | |
| 2000 | 0 | |

提示内容5：1940~2000年美国报告的脊髓灰质炎病例

提示内容6：记录亨丽埃塔·拉克斯生平的历史标志

提示内容6是一个历史标志，它补充了有关拉克斯生活的更多细节，并与歌词中的一些细节遥相呼应。其中的内容质疑使用拉克斯细胞是否符合伦理，并表明她的细胞被用于多个研究领域是为了人类的共同利益。这条提示内容还告诉学生，拉克斯的细胞因其繁殖能力而受到重视，这是一种独特而"非凡"的特征。

亨丽埃塔·拉克斯于1920年8月1日出生于罗阿诺克。1924年母亲去世后，亨丽埃塔·拉克斯和她的亲人快乐地生活在这里。1941年，她与戴维·拉克斯结婚，并和许多其他非裔美国人一样，搬到马里兰州巴尔的摩从事战时工作。她于1951年10月4日死于宫颈癌。当时，不需要许可（像往常一样）就可以取走细胞组织用于医学研究。她的细胞以极快的速度繁殖和存活，并以"HeLa 系列"、细胞系的"金标准"而闻名于世。乔纳斯·索尔克利用她的细胞研制了脊髓灰质炎疫苗。亨丽埃塔·拉克斯死后葬于附近，她的细胞挽救了无数人的生命。

提示内容 6：记录亨丽埃塔·拉克斯生平的历史标志

提示内容 7：亨丽埃塔·拉克斯的家人与联邦调查局达成和解的新闻文章

和书中几乎所有最后一条提示内容一样，提示内容 7 为学生填补了剩余的大部分细节。这篇文章简要回顾了拉克斯的生活，并向读者介绍了她的细胞的治疗作用以及她的家族对这些细胞所拥有的权利。虽然这并没有澄清"这些细胞属于谁?"这个问题，但它至少表明拉克斯对医学界的贡献在某种程度上得到了赞扬和补偿。最后一轮提问结束后，即可进入探究学习模式的最后一步。

大约 60 年前，巴尔的摩的一位医生在一名叫亨丽埃塔·拉克斯的贫困黑人患者不知情或未经其同意的情况下，从她身上摘除了癌细胞。这些细胞最终帮助人们找到了大量的医学治疗方法，并为价值数十亿美元的生物技术产业奠定了基础。

2010 年的畅销书《亨丽埃塔·拉克斯的永生》使这一传奇故事声名鹊起。

现在，拉克斯的家人第一次获得对于某些涉及亨丽埃塔·拉克斯细胞的研究的发言权。根据拉克斯的家人和美国国立卫生研究院周三宣布的协议，他们从未分享过这种被称为 HeLa 细胞的物质所带来的无尽财富，也不会从中赚取一分钱。但拉克斯的家人将对科学家获取 HeLa 细胞的 DNA 密码有一定的控制权。他们还将在与此相关的科学论文中得到认可。

拉克斯的家人认为公开亨丽埃塔·拉克斯的基因构成引发了他们对隐私的担忧，这项协议就是在此基础上达成的。由于 DNA 具有遗传性，拉克斯的 DNA 信息可用于预测她今天后代的疾病风险和其他特征。根据协议，拉克斯的两名家庭成员将加入一个由六名成员组成的委员会，该委员会将对基因密码的获取进行监管。

亨丽埃塔·拉克斯的孙子小戴维·拉克斯（David Lacks Jr.）在一次新闻发布会上说："主要问题是对隐私的担忧，以及将来可能会泄露哪些信息。"

居住在巴尔的摩的拉克斯的孙女耶里·拉克斯·怀特（Jeri Lacks Whye）说："过去，拉克斯家族对 HeLa 细胞的研究一无所知。现在，我们很高兴能成为重要的 HeLa 科学研究的一部分。"

医学伦理学家对美国国立卫生研究院的行动表示赞赏。毕竟让家属控制基因数据的使用权不是一项法定义务。

范德堡大学生物医学伦理与社会中心的埃伦·赖特·克莱顿（Ellen Wright Clayton）博士说："他们做得对。有人参与讨论会对你的行动产生影响。"她指出，一些美洲原住民团体与研究人员也有类似的安排。

备受赞誉的畅销书《亨丽埃塔·拉克斯的永生》的作者丽贝卡·斯克鲁特参与了促成该协议的谈判，她说拉克斯的家人从未索要过钱财。

"这次讨论对他们来说不是为了钱。"斯克鲁特指出，拉克斯的家人通过密集的演讲活动赚取收入，并收到了自己成立的基金会的捐款。

亨丽埃塔·拉克斯于 1951 年去世，享年 31 岁。细胞被摘除时，她正在约翰斯·霍普金斯医院接受侵袭性宫颈癌的治疗。早在现代规则出台之前，这种未经同意就使用的做法在当时是普遍现象。拉克斯的细胞是第一批可以在实验室中无限培养的人类细胞，它们对疫苗和癌症治疗等领域的关键发展起到了至关重要的作用。

HeLa 细胞是目前应用最广泛的人类细胞系。但是，拉克斯在不知情的情况下死于疾病，她的家人直到 25 年后才知道这些细胞的存在。

斯克鲁特称，20 世纪 70 年代，医生对拉克斯的孩子进行研究时也没告诉他们。而到了 20 世纪 80 年代，他们的家庭医疗记录在未经同意的情况下就被公布了。

故事的转折发生在今年 3 月，德国研究人员公布了一株 HeLa 细胞的 DNA 密码或基因组。研究人员在公布之前并没有征得拉克斯家族的同意，拉克斯的家人是从斯克鲁特那里得知此事的。

怀特说："知道拉克斯的信息被公开后，我非常震惊，也有点失望。""似乎只需要点击一下按钮，就可以任意查看她的医疗记录。他们没有来找过我们……这就像历史在重演。"

在接到投诉后，研究人员从公共数据库中删除了基因组数据。

与此同时，华盛顿大学的一个团队在美国国立卫生研究院的资助下，从另一株HeLa菌株中提取了基因组，并已提交发表。

新协议将限制对这两项研究的基因组数据的获取。想要使用这些数据的研究人员必须征得六人委员会的同意。申请者必须同意一些限制条件，如不与他人共享DNA信息，报告他们的结果，并在他们的出版物中承认拉克斯家族。该协议还涵盖了未来由美国国立卫生研究院资助生产的任何HeLa基因组。

杜克大学基因组科学与政策研究所的罗伯特·库克·迪根（Robert Cook Deegan）博士说："他们基本上已经把拉克斯家族放在了做决定的位置上。这是相当合理的。"库克·迪根认为，拉克斯的家人有合法的权利说"我们希望这是一种合作关系，而不是一种剥削"。

他和克莱顿表示，拉克斯事件是罕见的，他们预计该协议不会出现在其他案件中。但他们表示，该协议凸显了在研究中处理患者DNA和其他生物样本的伦理问题。

克莱顿说，她认为这将促进控制基因组信息获取的理念，或者至少在将这些信息放入公共数据库之前让捐赠者知情并明确征得他们的同意。

库克·迪根表示，该协议倡导的理念是捐赠者或其家人对如何将他们的DNA或人体组织用于研究拥有某种发言权。

《赫芬顿邮报》2014年3月25日，马尔科姆·里特（Malcolm Ritter）

提示内容7：亨丽埃塔·拉克斯的家人与联邦调查局达成和解的新闻文章

**步骤6：修正完善结论并讨论**

随着对课程内容理解的深入，可以要求学生重新回顾一下他们原先的结论，并进行修改或完善。根据课堂剩余时间，可邀请1~3个小组的代表各自陈述焦点问题的答案。随后以此为契机，引导学生对 HeLa 细胞背后的奥秘展开讨论。同时可以鼓励学生针对课程主题进行开放性提问，教师则可以利用这个机会，在回答的过程中将一些缺失的信息传递给学生。

**步骤 7：评估与反馈**

本课程的最后一个步骤是鼓励学生对自己的学习情况作出评估和意见反馈。可以使用第四讲的评估和反馈表格来完成。本课程具有很大的灵活性，可以把重点放在美国历史的不同主题上，如民权、人权、妇女权利、医学伦理。评估内容也应有所侧重，可考虑针对不同学生的学习目标进行调整。

**注意事项：**

当你为探究课程复印资料时，不要复印资料的标题或文章的题目。你可以采用投影等形式将标题现场展示给学生，这样效果会更好。

## 本课程的差异化策略

本课例包含了一些差异化策略，我们发现这些策略对那些在运用探究学习模式或理解探究课程内容方面遇到困难的学生非常有帮助——包括明确关键词汇和学习目标、区分课堂上使用的提示内容、提供思考提示内容的支架，能够支持学生在推理过程中对焦点问题进行思考。当然，我们总是鼓励你根据内容、课程和学生的学习成果来开发不同的教学框架。其中创造力是关键！

**明确关键词汇和学习目标**

| 课程的焦点问题：这些细胞属于谁？ | 基于技能的学习目标 |
|---|---|
| · 约翰斯·霍普金斯医学中心 | · 小组合作 |
| · 癌症 | · 分析主次文件信息 |
| · 种族主义 | · 核对来自多个渠道的信息 |
| · 脊髓灰质炎 | · 分析各类文档资料后提出问题 |

（续表）

| 课程的焦点问题：这些细胞属于谁？ | 基于技能的学习目标 |
|---|---|
| · 病毒<br>· 免疫系统<br>· 遗传学<br>· 疫苗<br>· 乔纳斯·索尔克博士<br>· 与细胞分裂有关的生物学词汇（有丝分裂、间期、DNA 等） | · 针对焦点问题形成假设<br>· 在讨论中新增信息时修改假设<br>· 分析社会经济对生活的影响<br>· 确定种族限制人生选择的方式<br>· 考虑科学使用个体细胞的合理性 |

### 区分课堂上使用的提示内容

本课的焦点问题是：这些细胞属于谁？那么，我们如何在本课中使用差异化策略，以及如何使用能够吸引课堂上不同感官智能的提示内容？下面来看看我们还可以从视觉、听觉、触觉等学习渠道提供哪些提示内容。

| 线索 | 描述 | 是否可以提供其他提示内容？（考虑可能的视觉、听觉、触觉附加功能） |
|---|---|---|
| 1 | 亨丽埃塔·拉克斯的照片 | 亨丽埃塔·拉克斯的童年照片 |
| 2 | HeLa 细胞的照片 | 显微镜，各种 HeLa 细胞的照片 |
| 3 | 关于乔治·盖伊博士的文字摘录和他的照片 | 约翰斯·霍普金斯大学的照片，特别是"彩色门"的照片 |
| 4 | 歌曲《海伦·莱恩》的歌词 | 收听歌曲《海伦·莱恩》 |
| 5 | 1940~2000 年美国报告的脊髓灰质炎病例 | 关于 HeLa 细胞对其他疾病和科学研究的贡献的图片或信息，乔纳斯·索尔克的照片，小儿麻痹症儿童的照片 |
| 6 | 记录亨丽埃塔·拉克斯生平的历史标志 | 亨丽埃塔·拉克斯墓碑的照片 |
| 7 | 亨丽埃塔·拉克斯的家人与联邦调查局达成和解的新闻文章 | 关于 HeLa 细胞在医学界影响的新闻报道，关于亨丽埃塔·拉克斯家人最新情况的新闻报道，亨丽埃塔·拉克斯家庭的照片 |

### 提供思考提示内容的支架

我们在这节课上介绍的策略与第四讲中提到的以学生为中心的差异化教学策略完全相同。对于有学习障碍的学生来说，使用视觉思考技能通常能够帮助他们更好地达成学习目标。教师或助教通常可以通过以下方式来引导特定群体的学习和思考过程：

（1）让我们仔细观察一下（图片、提示内容等），你看到了什么？

（2）大家想一想可能发生了什么情况导致你现在看到的现象（提示内容）？

（3）为什么你会这样认为呢？或者是什么让你作出这样的判断？

（4）如果结合所有已展示出来的提示内容，我们能否发现一些更多的内容？

通过这种方法，教师可以帮助学生建立思维框架，从而对提示内容进行批判性分析。然而，我们必须确保没有提供有关答案的内容或接近真相的核心部分——这是最关键的。有助于思考焦点问题的支架式问题以及这些视觉思考策略，将帮助学生在提示内容与焦点问题之间找到重要的联系。

我们希望上述策略将引领你、你的同事和你的学生一起成功地上一堂探究式教学课程。虽然探究是一种帮助学生发现和学习历史上不同观点的很好的方式，但这门课有时可能会对一些学生构成挑战。通过使用上文提出的一些策略，我们相信你能够让不同类型的学生都能从探究课程中受益。关于探究课程差异化教学的更多信息请参阅第四讲。

# 课例 3 去说英语的城市旅行

本课的目的是让学生在全英语语境中，通过文字和图片等资料与线索找出将要访问的城市。当学生得到提示物品或内容资料后，他们将利用自己所具备的一切地理知识和文化知识及英语语言技能，同时运用挑战性思维，对焦点问题的答案作出有根据的推测。本课程的目标城市是澳大利亚的悉尼。

## 为教师准备的背景资料

英语是世界上最广泛使用的语言之一，因此说英语的国家也非常多，比如英国、美国、加拿大、澳大利亚、新西兰等。

悉尼（本课的目标城市）位于澳大利亚东南沿岸，属于亚热带季风性湿润气候，1 月降水较多，7 月降水较少。最暖的月份是 1 月，最冷的月份是 7 月。

需要注意的是，悉尼并非澳大利亚的首都，却是澳大利亚最著名的城市之一，也是全球最受欢迎的旅游目的地之一。悉尼歌剧院是澳大利亚的标志性景点，由丹麦建筑师约恩·乌松（Jorn Utzon）设计，于 1973 年正式开放，其特有的白帆造型令人印象深刻。

有袋类动物（如袋鼠、树袋熊和袋熊）也是澳大利亚的一大特色。澳大利亚的有袋类动物大部分都分布在悉尼。在动物园，游客可以了解这些动物的生活习性和保护情况，还可以观看动物表演并进行互动体验。

## 关键词和相关术语

| 关键词 | 相关术语 |
| --- | --- |
| 目的地 | 建筑 |
| 地理 | 建筑奇迹 |
| 登机牌 | 货币 |
| 护照 | 袋鼠 |
| 行李清单 | 歌剧 |
| 全球旅行用电源适配器 | 文化 |

## 课程安排

| 项目 | 在课程期间学生将要…… |
|------|------------------------|
| 与技能相关的 | 1. 分小组合作学习<br>2. 分析主次文件信息<br>3. 从各种提示内容中寻找与答案相关的线索<br>4. 从各种不同的提示内容中得到有关联的信息<br>5. 分析各类文档资料后准备要提出的问题<br>6. 针对焦点问题初步形成一个较完整的答案<br>7. 根据新增的各种信息完善焦点问题的最佳结论 |
| 与内容相关的 | 1. 根据提示内容推断将要实施的旅行计划<br>2. 重点认识悉尼的重要文化地标<br>3. 用英语对整个旅行计划进行总结 |

## 焦点问题

与其他探究课程的焦点问题一样，本课的焦点问题比较简单：我们这是要去哪里？通过相关的实践研究发现，一个好的焦点问题往往是通过简单而模糊的内容去激发学生的好奇心。过于详细的问题为学生提供了太多的信息，反而不如一个简单的问题更能抓住学生的注意力，本课的"我们这是要去哪里？"就是一个极好的范例。

## 步骤和提示内容

### 步骤 1：调研和准备

此步骤已为你准备好了，你只需先熟悉一下上面的背景资料，再研究一下本书列出的课件内容，就算是做好了充分的准备工作，可以回答学生可能提出的问题了。

### 步骤 2：介绍焦点问题

在课程开始时，安排学生按分好的小组落座，随后发放课程规则并作必要的解释（详见第四讲）。从一开始就为每个小组提供一份课程指南（内容包含课程规则和小组成员的角色分配、职责等）。让学生阅读后签名，承诺遵守相关的课程规则。接下来就可以介绍课程的焦点问题，然后直接进入第一条提示内容的展示环节。

**步骤 3：提问环节**

该环节是让学生对各种提示内容进行分析、讨论及提问。本课例的第一条提示内容是朋友之间的聊天记录。信息显示，这位朋友正在计划一次惊喜之旅，只提供了一些有关这次旅行的线索，包括"著名城市"和"建筑奇迹"。为了让学生有足够的时间讨论提示内容，通常需要预留 3 分钟左右的时间。随后学生必须准备两个或两个以上的问题，同时教师必须再次提醒学生所有问题的答案只能为"是"或"否"。

这段时间内，教师需要在各小组之间巡逻并留心倾听学生正在准备的问题。根据经验，教师此时一般能够大致决定如何安排各小组提问的顺序，这个顺序一定是有利于逐步增进学生对课程主题的了解，或有助于他们发掘焦点问题的答案的。

提示内容 1："我"和朋友之间的聊天内容 #1

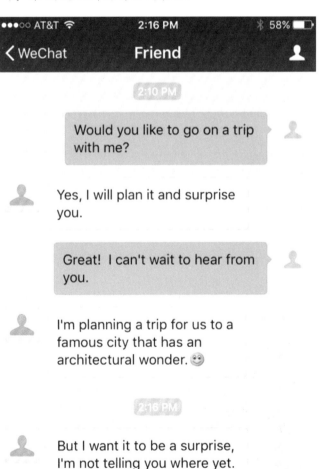

提示内容 1："我"和朋友之间的聊天内容 #1

这是一段朋友之间的聊天记录："我"表达了希望和朋友一同旅行的意愿，朋友立刻同意并很快决定了计划旅行的目的地，为保持神秘，制造惊喜，他并没有直接透露具体的地点。在回复的信息中，这位朋友仅仅提供了两条线索：其一，这是一座著名的城市；其二，这座城市里有一个世界闻名的建筑奇迹。也许学生马上会对世界上的建筑奇迹展开开放式猜想，比如世界七大建筑奇迹等。当3分钟左右的讨论时间到了后，教师可以要求学生举手提问。获得邀请后，各小组提出准备好的问题，教师要再次申明回答问题的答案只能为"是"或"否"（如有疑问可直接查看第三讲，以获取更多信息）。同时，要让每个小组都有机会提出问题，确保每个学生都能够听到问题和答案，并鼓励学生记录问题和相关内容，学生会发现自己正在慢慢接近目标。正如你所看到的那样，那些仔细倾听其他小组问题的学生有一个明显的优势——听到各小组的问题和答案，从中获得信息，从而有可能修改或改进他们的问题。因此，鼓励学生认真倾听是一种非常有效的课堂管理策略。

展示提示内容，各小组进行讨论，各小组依次提问，教师进行回答，这样一轮结束后，再以同样的方式继续展示余下的几条提示内容。你可以根据课堂实际情况选择让哪一小组开始每轮的提问，也可以轮换，避免每次都从同一小组开始。

提示内容2：登机牌、护照和英语词典 App 的图片

提示内容2：登机牌、护照和英语词典 App 的图片

这张图片展示了三件物品：一是从北京到一个未知目的地的登机牌，可以大致看出是7月份的航班，飞行时间为12个小时；二是一本中国护照；三是一个英语词典 App。通过这些线索，学生将明确这次旅行是在7月份，地点为国外某个讲英语的城市。

提示内容 3："我"和朋友之间的聊天内容 #2

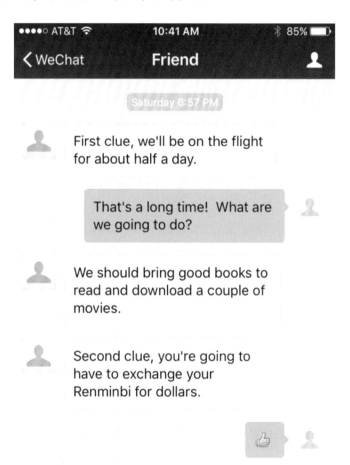

提示内容 3："我"和朋友之间的聊天内容 #2

这是"我"和朋友的第二段聊天记录，内容主要是飞行时间将持续超过10个小时，以及提醒"我"旅行前需要兑换一些美元。

提示内容 4：澳大利亚不同面值的货币和悉尼中央火车站的照片

提示内容 4：澳大利亚不同面值的货币和悉尼中央火车站的照片

提示内容 4 分别展示了不同面额的当地货币和悉尼中央火车站的外观。从这张照片中能判断出目的地显然不是美国。学生可能会认为是伦敦，因为照片中有印有伊丽莎白女王头像的纸币。

### 步骤 4：总结初步的结论

在任何一个提问环节，当你感觉到学生可能已经接近焦点问题的答案时，请暂停提问。本课现场教学的测试结果表明，这种暂停最有可能出现在提示内容 3 和 4 之后。随后教师可以要求每个小组写出一个句子或一条理论综述，作为对焦点问题答案的总结。教师需要在各小组之间来回走动，时不时地帮助学生修正用词，质疑一下他们假设的结论，或测试一下证据的可靠性，因为教师的主要责任是用不同的方式来引导学生。这个过程通常需要大约 10 分钟，但时间长短可能会根据学生的能力水平而有所不同。当各小组得出结论后，你可邀请每个小组中的一名成员上台在题板上写下答案，借此机会评估整个班级对课程内容的理解程度以及误读的偏差程度。当学生在题板上看到其他小组的结论时，他们将进一步拓展自己的思维。这种方式对差异性非常明显的小组特别有用。第四讲提供的辅助工作表"总结表格"可用于帮助学生完善结论。

当所有小组都在题板上写下初步结论后，你就需要审视一下这些结论的准确性。切记一定不要直接地批评任何结论，即使它远远不够理想，毕竟这些结论是学生努力后的最佳结果。重点提醒学生或突显那个最接近最终答案的结论,并鼓励他们参考这些结论,将其用于后续的思考。

**步骤 5:继续展示和研讨余下的提示内容**

教师可以按照以上方式继续进行提问环节,直到所有提示内容展示完毕。

提示内容 5:"我"和朋友之间的聊天内容 #3

这是"我"和朋友的另一段聊天记录。通过聊天内容,学生会知道目的地不是某个国家的首都,所以可以马上推断出一定不是伦敦。

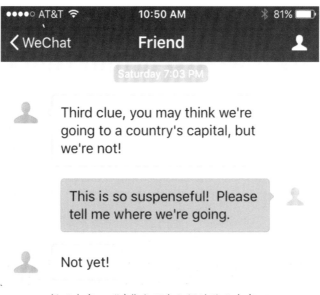

提示内容 5:"我"和朋友之间的聊天内容 #3

提示内容 6:行李清单

这一提示内容概述了需要打包的行李清单。通过查看清单内所列的物品,学生将有机会学习或熟悉一下各种物品的英语词汇,并根据物品明细再次推断一下目的地是哪里。其中最应该引起注意的是用于保暖的衣服,这表明 7 月份目的地城市气温较低。

Packing List

| | | |
|---|---|---|
| Toothbrush | Pants | Long-sleeved shirts |
| Scarf | Toothpaste | Dental Floss |
| Deodorant | Boots | Camera |
| Sweater | Universal travel adapter | Passport |
| Soap | Winter Coat | Socks |
| Phone/Tablet | Shampoo | Electronic device charger |
| Books/Movies | Underwear | Money converted dollars |
| Hairbrush | Gloves | |
| Comb | English translator | |

*提示内容 6：行李清单*

提示内容 7："我"和朋友之间的聊天内容 #4

这是"我"和朋友的另一段聊天记录，是关于目的地的更具体的线索——我们将去一个有袋鼠的动物园。如果学生知道 marsupial（有袋类动物）这个有点难度的单词，他们可能会立刻猜到目的地是澳大利亚的某个城市，或直接推断出这座城市是悉尼。

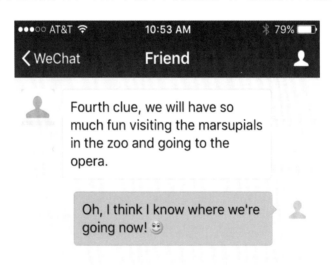

*提示内容 7："我"和朋友之间的聊天内容 #4*

提示内容 8：悉尼歌剧院的照片

提示内容 8 是悉尼歌剧院的照片，这是世界上最著名的标志性建筑之一，学生一看到这张照片应该马上会认出来。

提示内容 8：悉尼歌剧院的照片

**步骤 6：修正完善结论并讨论**

随着对课程内容理解的深入，可以要求学生重新回顾一下他们原先的结论，并进行修改或完善。根据课堂剩余时间，可邀请 1~3 个小组的代表各自陈述焦点问题的答案。随后以此为契机，引导学生就如何找出旅行目的地展开讨论。同时可以鼓励学生针对悉尼、澳大利亚提出一些开放性问题，教师则可以利用回答问题的机会，填补他们这方面知识的空白。

**步骤 7：评估与反馈**

本课程的最后一个步骤是让学生评估自己的学习情况并提出一些建议。可以使用第四讲的评估和反馈表格来完成。由于本课程非常灵活，可以将地理、文化、天气、计算和英语词汇等各方面的内容融入其中，评估内容也应根据学习目标而有所调整。

# 课例 4　周期性数学模型：波形现象的扩展

人文学科探究课程一般侧重开放性问题，也就是说探讨的问题不一定有唯一的答案；科学和数学类课程则旨在引导学生发现基础的科学或数学概念，往往有比较精确的目标和唯一的答案。在本课中，学生通过发现数学知识和现实情境、问题之间的关系，建立数学方程式模型，随后分析并找到解决方案。最常见或经常用到的是线性、指数和二次方程等数学模型。这些数学模型通常是无界的：趋于无穷大，或者指数衰减并趋向于一个定值。然而，许多物理现象本质上就具有周期性规律，学生能够对呈周期性的事物建立数学模型，并通过数学模型进一步了解其中的关键要素，比如振幅、周期、频率和中心线。本课程适用于单位性重复或循环的情况。并且课程不是从固定的一一对应的列表中导出标准正弦波，而是侧重于探索发现正弦曲线的形成过程及其各项要素。通过本课程，学生将深入了解波形函数中各要素与波形的关系，从而将这些概念应用于对周期性数学模型的分析，并以建立数学模型的方式找出问题的解决方案。

## 为教师准备的背景资料

"三角数学"这个词来自希腊语，意思是"三角测量"，起源于古希腊。三角数学的基础是相似直角三角形的角边对应比值以及对这些比值的拓展应用。三角数学在中国、印度和中东得到了进一步发展。刚开始，三角数学仅仅用于几何图案的研究，1600年起才开始用于数学分析，平面直角坐标系中的正弦函数（本课的重点）和其他三角函数直到1600年代末或1700年代才得以真正发展。

## 关键词和相关术语

| 关键词 | 相关术语 |
|---|---|
| 三角数学 | 持续时间 |
| 正弦 | 波形 |

（续表）

| 关键词 | 相关术语 |
|---|---|
| 余弦 | 中心线 |
| 正切 | 周期 |
| 振幅 | 变化 |
| 频率 | 范围 |

## 课程安排

| 项目 | 在课程期间学生将要…… |
|---|---|
| 与技能相关的 | 1. 分小组合作学习<br>2. 分析主次文件信息<br>3. 从各种提示内容中寻找与答案相关的线索<br>4. 分析各类文档资料后准备要提出的问题<br>5. 针对焦点问题初步形成一个较完整的答案<br>6. 根据新增的各种信息完善焦点问题的最佳结论 |
| 与内容相关的 | 1. 认识正弦曲线的要素<br>2. 分析与正弦曲线相对应的物理现象<br>3. 将正弦曲线的现象规律应用于实际分析 |

## 焦点问题

本课的焦点问题是：这些事物有什么关联？这个问题往往是数学家或科学家在开启某项研究时一定会问自己的，简言之，就是要弄清楚未知事物的内在规律，并将它们与现有的某些数学模型相关联。本课程旨在对周期性模型进行深入学习和探讨。其中，"最大值""最小值""周期""频率""平均值（中心线）"和"数值区间"等词语将在小组提问和讨论环节被反复提及和探讨，从而促使学生对波形函数的各要素形成更深刻的理解。

### 步骤和提示内容

有关探究课程设计和实施步骤的指导说明在本书第三讲已有详细阐述。在课程开始之前，务必注意请将作为提示内容的物品放置于学生视线之外、教师方便拿取的位置。同时要先完成分组的任务，具体的分组情况应根据班级人数等因素进行调整——可以参阅本书第三讲的相关内容（理想情况下，每个小组有 3~4 名学生）；然后以小组为单位安排课桌座位，以方便小组的合作交流为前提；最后在题板的显著位置写下焦点问题：这些事物有什么关联？

#### 步骤 1：调研和准备

此步骤已为你准备好了，你只需熟悉一下背景资料及周期性数学模型和相关物理现象之间的关系，同时进一步理解正弦函数的各要素（幅度、周期、中心线等）与各提示内容之间的关系。以第一条提示内容"伦敦眼"摩天轮为例，我们可以把正弦函数的各要素与之相关联：最大值是摩天轮的高度，最小值是乘坐平台的高度（由于乘坐平台往往高出地面，所以不应是地面高度），周期是完成一次旋转的时间，幅度是摩天轮的直径。

#### 步骤 2：介绍焦点问题

在课程开始时，安排学生按分好的小组落座，随后发放课程规则并作必要的解释（详见第三讲步骤 2 和第四讲课程规则）。从一开始就为每个小组提供一份课程指南（内容包含课程规则和小组成员的角色分配、职责等）。让学生阅读后签名，承诺遵守相关的课程规则。接下来就可以介绍课程的焦点问题，然后直接进入第一条提示内容的展示环节。

#### 步骤 3：提问环节

该环节是让学生对各种提示内容进行分析和讨论。第一条提示内容是伦敦摩天轮的照片，但其实任何摩天轮都可充当这一提示内容。被称为"伦敦眼"的摩天轮建于 1999 年，是世界上最高的摩天轮之一。

提示内容 1："伦敦眼"摩天轮的照片

提示内容 1："伦敦眼"摩天轮的照片

　　之所以选择摩天轮作为第一条提示内容，是因为大多数学生都比较熟悉游乐园的设施，只是从来没有将其与所学的数学模型联系起来。当摩天轮以圆周运动的方式转动时，坐在轿厢内的人离地面的高度是与圆周运动相对应的。可留出 3 分钟左右的时间，让学生就摩天轮照片展开小组讨论，并准备要提出的问题（答案仅为"是"或"否"）。务必提醒学生：由于各小组的问题可能存在重复，因此每个小组宜准备 2~3 个问题。

　　这段时间内，教师需要在各小组之间巡逻并留心倾听学生正在准备的问题。根据经验，教师此时一般能够大致决定如何安排各小组提问的顺序，这个顺序一定是有利于逐步增进学生对课程主题的了解，或将他们按教师希望的方向引导的。例如教师可能希望由和"伦敦眼"相关的问题引出课前准备好的正弦曲线。如果发现各小组准备的问题并非预期的那样，那么你可能需要重新引导学生的注意点。如果学生无法提出有质量的问题或者你发现有学生需要特别的辅助，你完全可以通过和以下类似的句子或问题来提示和引导，例如"……这很重要吗？"或"……与……有什么关系？"，也可以使用本书第四讲提及的关于差异化策略的建议。

　　当小组讨论时间结束后，你可邀请学生上台提问。再次明确一下：学生提出问题后得到的答案只能为"是"或"否"。至于为什么要这样做，请查看第二讲的具体内容。同时，要让每个小组都有机会提出问题，确保课堂上每个学生都能够听到问题和答案，并鼓励学生记录问题和相关内容，学生会慢慢地发现记录的内容在逐渐累积，自己也在一步步迈向目标和答案。正如你所看到的那样，那些仔细倾听其他小组问题的学生有一个明显的优势——听到各小组的问题和答案，从中获得信息，从而有可能修改或改进他们的问题。因此，鼓励学生倾听并提高聆听的技巧是一种非常有效的课堂管理策略。

展示提示内容，各小组进行讨论，各小组依次提问，教师进行回答，这样一轮结束后，再以同样的方式继续展示余下的几条提示内容。你可以根据课堂实际情况选择让哪一小组开始每轮的提问，也可以轮换，避免每次都从同一小组开始。

提示内容 2：声波的演示

这条提示内容实际上是声波的演示，即在课堂上播放声波。虽然声音以纵波方式传播，但它可以用横向波的图形来表示。这是一个重要的提示，因为它很自然地引起了学生对波的一些特性的讨论。产生的声波是一个正弦波，其幅度和频率都会发生变化。如果学生已深入了解了正弦波的特性，他们很容易就能将音量（振幅）和音调（频率）等物理现象与正弦波的要素相对应。不过，如果学生对提示内容 1 和 2 的反馈不像你预期的那样，应该也是预料之中的。

提示内容 2：声波的演示

提示内容 3：钟摆实验

提示内容 3 要求学生动手参与、亲身感受。比如一个简单的钟摆实验，它由具有一定重量的摆球、质量可忽略的摆线以及摆锤运动组成。现场的实验往往能给予学生直观的信息，提示内容 1 和 2 中有关正弦波的概念（最大值、最小值、周期等）将在他们的头脑中渐渐变得具体起来。另一种节拍器也可作为与钟摆实验相同的实验模型用于本提示内容。

提示内容 3: 钟摆实验

**提示内容 4: 不知名作者的一首关于波浪的诗**

这是一位不知名作者的诗——《波浪》( The Wave )。到目前为止,学生普遍认同其具有周期性元素的一些特征。至少这首诗在排列形式上呈现出波形的视觉效果,它为学生提供了思考正弦波形的另一角度。教师在将此诗作为提示内容展现时,可以隐去标题——因为这个标题太过明显、直接,应该让学生通过分析诗的排列和句子自己发现这首诗与波的关联。

| | |
|---|---|
| born | 译文: |
| of wind and | 在风中 |
| earth's embrace | 在大地的怀中 |
| an ocean's memory of | 大海始终带着风暴的记忆 |
| storms beyond the horizon | 在蜿蜒起伏的沙滩上 |
| its undulating information uselessly inscribed | 留下一波又一波的信息 |
| in the meandering sand | 终于化为一声 |
| finds voice at last | 海浪的叹息( 声音 ) |
| its fall a sigh a | |
| single syllable | |
| of surf | |

提示内容 4: 不知名作者的一首关于波浪的诗

**步骤 4：总结初步的结论**

课程进行到这里，我们建议暂停一下，邀请各小组总结出焦点问题的初步结论或答案。本课的焦点问题是：这些事物有什么关联？教师可以要求每个小组写出一个句子或一条理论综述，作为对焦点问题答案的总结。教师需要在各小组之间巡视并观察，时不时地帮助学生修正用词，质疑一下他们假设的结论，或测试一下证据的可靠性，因为教师的主要责任是用不同的方式来引导学生。这个过程通常需要大约 10 分钟，但时间长短可能会根据学生的能力水平而有所不同。当各小组得出结论后，你可邀请每个小组中的一名成员上台在题板上写下答案，借此机会评估整个班级对课程内容的理解程度以及误读的偏差程度。当学生在题板上看到其他小组的结论时，他们的思维将得到进一步拓展。这种方式对班级中存在明显差异的小组特别有用。

一旦所有小组都在题板上写下初步结论，你就需要审视一下这些结论的准确性。切记一定不要直接地批评任何结论，即使它远远不够理想，毕竟这些结论是学生努力后的最佳结果。重点提醒学生或突显那个最接近最终答案的结论，并鼓励他们参考这些结论，对讨论过的提示内容作更深入的思考和发掘。

**步骤 5：继续展示和研讨余下的提示内容**

教师可以继续进行提问环节，直到所有提示内容展示完毕。同时要允许学生在后续环节随时修改自己的初步结论。

*提示内容 5：海水潮起潮落的照片或视频*

播放一段海水潮起潮落的视频，视频应持续一定的时间，可以让学生不仅观察到潮汐的最大值和最小值，还能看到海浪的循环和潮汐的周期。有一点非常重要，视频必须清楚地显示完整的潮汐周期，这样才能为学生提供充足的信息，帮助他们将单个要素——振幅（高度）、周期和极值等概念整合在一个物理现象中，从而形成完整连贯的知识结构。通过仔细观看视频，学生可以发现海浪如同正弦曲线的波形，甚至可以观测到海浪冲向岸边的频率。如果你一时无法找到展示潮汐的视频，也可以选用几张能看到潮汐的海滩照片。

提示内容 5：海水潮起潮落的照片或视频

提示内容 6：中国北京市某年每月平均高温和低温数据汇总

提示内容 6 是一张表格，展示了中国北京市某年每月平均高温和低温数据。差异化教学就是根据学生的不同水平给予差异化的引导，也就是采用不同的方式方法。如果你的目的是鼓励学生进行讨论，可提供印有方格图的白纸，便于小组讨论后绘制数据图形；也可提供已经标注出平面坐标的白纸，这样能帮助学生节省时间，抓住重点，从而轻松地在平面坐标图中创建点状数据分布图。当学生将表格内的所有数据标注在平面坐标图中后，他们马上就会看到正弦波的形状，并且应该能够与前面的提示内容联系起来。某些小组甚至可能会尝试为讨论过的提示内容绘制草图。

中国北京月平均高温和低温

| 月份 | 平均高温（℃） | 平均低温（℃） |
| --- | --- | --- |
| 一月 | 1.6 | −9.4 |
| 二月 | 4.0 | −6.9 |

（续表）

| 月份 | 平均高温（℃） | 平均低温（℃） |
|---|---|---|
| 三月 | 11.3 | -0.6 |
| 四月 | 19.9 | 7.2 |
| 五月 | 26.4 | 13.2 |
| 六月 | 30.3 | 18.2 |
| 七月 | 30.8 | 21.6 |
| 八月 | 29.5 | 20.4 |
| 九月 | 25.8 | 14.2 |
| 十月 | 19.0 | 7.3 |
| 十一月 | 10.1 | -0.4 |
| 十二月 | 3.3 | -6.9 |

提示内容6：中国北京市某年每月平均高温和低温数据汇总

提示内容7

提示内容7是备用的，不需要每次课程都展示出来，如果你感到学生并没有完全理解课程主题，就可以选择展示这条提示内容。展示这条提示内容时，需要用到一根绳子或固定在一个金属弹簧上的玩具，可以利用以上两个辅助工具来演示不同类型的横向波。我们建议创建一个摇摆球，让学生更直观地观察到摇摆球产生波动的幅度、周期、频率、最大值和最小值，甚至中心线等，从而将观察到的现象和相关的抽象概念一一联系起来。学生使用的词汇可能不会这么精准，但对它的属性描述应该是一样的。如果你觉得展示提示内容6后已经达到了预期的教学目标，就可选择跳过这一内容直接执行下一步。如果你在后续的课程中觉得需要进一步强化概念或者在结束前要进行评估测试，可以随时使用这条提示内容。

**步骤6：修正完善结论并讨论**

随着对课程内容理解的深入，可以要求学生重新审视他们原先的结论，并进行修改或完善。根据课堂剩余时间，可邀请1~3个小组的代表各自陈述焦点问题的答案，并引导学生就各提示内容之间的联系展开讨论。同时也可以鼓励学生针对课程主题进行开放性提问，教师则可以利用这个机会，在回答的过程中将一些缺失的信息传递给学生，比如介绍一些较生僻的数学方面的专业词汇。

**步骤 7：评估与反馈**

本课程的最后一个步骤是鼓励学生对自己的学习情况作出评估和意见反馈。可以使用第四讲的评估和反馈表格来完成。由于本课程具有很强的自主性，可允许学生自己决定想学习的重点，这有利于学生对整个课程的共性内容（正弦曲线的要素）形成连贯的理解，学会运用正弦函数的数学模型对身边呈周期性的事物进行分析和研究。

# 课例 5  汉字的造字方法

如何让学习者更好地学习汉字，把机械性识记汉字变成有意义地记忆，从而达到提高汉字识记效率的目的，是当前对外汉语教学领域一直在探索和研究的课题。

本课通过探究式教学方法引导学生了解和发现形体、笔画复杂繁多的汉字体系其实是一套意象性、规律性很强的文字体系。通过教师的提示和给予的线索，学生可以直观地分析和探究汉字的构成，逐步朝着汉字是怎样创造的方向思考，从而在了解汉字的造字方法后举一反三，认识和掌握更多的汉字。

## 为教师准备的背景资料

在中文初学者眼里，汉字首先是一个符号，而这些符号表示什么他们并不清楚。介绍汉字的造字方法能够帮助学生了解汉字结构，使他们在学习偏旁部首和笔画的同时，理解汉字含义与汉字构成之间的联系，并通过认识汉字来学习和了解中国文化，这样既能增强学生学习汉字的趣味性，又能拓宽他们学习中文的视野，从而提高他们认识与应用汉字的能力。

汉字最早起源于记事的图画，是将图像作为释义的载体。象形字是从描绘大自然各种形象的图画开始到形成抽象符号，再到用图像符号来记事等逐步衍生发展起来并获得读音的。象形是一种最简单、最原始的造字法。随着人类社会的发展和生活的需要，人们通过在象形字的基础上添加一些符号来指示一件事物或物体，从而产生了指事字。象形字和指事字是汉字的基本字，它们由基本的笔画组成，不能拆解，每一个字都是一个整体，这就是我们常说的独体字。后来人们又创造了由两个或两个以上的独体字组合起来表示新含义的会意字。但上述三种造字法形成的汉字数量少，应用范围有限，远远满足不了人们在日常生活中交流的需要，因此人们在象形字、指事字、会意字的基础上，又发展出由表示意义的形符和表示声音的声符两部分组成的形声字。其中，形符一般由象形字或指事字充当，声符可以由象形字、指事字、会意字充当。这是一种很实用的创造新字的方法。形声字自产生起数量不断增长，在现代汉字中所占比例已经高达 90% 以上。

对于汉字的构成方式，东汉学者许慎在《说文解字》一书中曾归纳和总结出六种类型，这就是"六书"。"六书"是中国最早的关于汉字构造的文字系统理论，也是中国最早的符合汉字表意特点的析字方法。现在语言学界普遍认为"六书"中的象形、指事、会意和形声为造字法，而转注和假借为用字法，因为这两种方法并不会增加新的汉字，所以本课并不涉及。本课适用于中文初学者在掌握了一些基本汉字的笔画、偏旁部首和拼音的基础上进行，可以分成几个课时来完成。

## 关键词和相关术语

| 关键词 | 相关术语 |
|---|---|
| 对外汉语教学<br>造字方法<br>汉字笔画<br>偏旁部首<br>演变图示 | "六书"<br>《说文解字》<br>象形字（pictogram）<br>指事字（ideogram）<br>会意字（associative compounds）<br>形声字（picto-phonetic）<br>转注<br>假借 |

## 课程安排

| 项目 | 在课程期间学生将要…… |
|---|---|
| 与技能相关的 | 1. 分小组合作学习<br>2. 分析主次文件信息<br>3. 从各种提示内容中寻找与答案相关的线索<br>4. 从各种不同的示意图中得到有关联的信息<br>5. 分析各类图示资料后准备要提出的问题<br>6. 针对焦点问题初步形成一个较完整的答案<br>7. 根据新增的各种信息完善焦点问题的最佳结论 |

| 项目 | 在课程期间学生将要…… |
|---|---|
| 与内容相关的 | 1. 根据课程中的汉字演变图示和指示符号来推断和归纳造字的方法<br>2. 在了解象形文字的基础上，领会通过添加指示符号以及把两个或更多的象形字组合在一起所产生的新字的意义<br>3. 根据所学的造字方法，分辨象形字、指事字、会意字和形声字 |

## 焦点问题

中文初学者普遍认为汉字是图像符号，考虑到初学者的这一认知特点，教师们如何设计焦点问题就显得尤其重要。在长期的中文课程教学实践中，教师们发现焦点问题不能太过详细，原因包括两方面：一是信息太多，学生难以消化接受；二是会抑制学生的想象空间。实践经验告诉我们，设置一个简单明确的焦点问题更能激发学生的好奇心。在这里，既然"汉字是图像符号"是学生的最初认知，那么一个自然而然的焦点问题就是：你知道汉字是怎么创造出来的吗？（或者是：汉字都是象形字吗？）此类问题也许有多个答案，也许难以下定论，这将吸引学生进一步探究和思考。

## 步骤和提示内容

本书第三讲详细阐述了探究课程的设计和实施步骤。

### 步骤 1：调研和准备

首先，你需要熟悉本课有关汉字是如何创造的背景资料，并阅读本书列出的课件内容，设想和推测学生可能要问的问题，做好解答相关问题的课前准备。然后，你需要对班级学生的语言水平、个性特点和学习能力作一个大致的评估，在课程开始前有目的地分配小组成员的角色，将具有不同学习水平和能力的学生安排在同一个学习小组，使各组之间能力均衡，促进小组成员互相帮助，共同完成任务。具体的分组情况应根据班级人数等因素进行调整。

在课程开始时，教师应以方便小组的合作交流为前提，安排学生按分好的小组落座，随后发放课程规则，作出必要的解释。也可参阅第三讲的相关内容（理想情况下，每个小组有 3~4 名学生）。接着为每个小组提供一份课程指南（内容包含课程规则和小组成员的角色分配、职责等）。让学生阅读后签名，承诺遵守相关的课程规则。到这里，就完成了本课程的第一个步骤。

**步骤 2：介绍焦点问题**

接下来就可以介绍课程的焦点问题（详见第三讲步骤 2）。在题板的显著位置写下焦点问题，如"你知道汉字是怎么创造出来的吗？"，然后进入提问环节。

**步骤 3：提问环节**

该环节是让学生对各种提示内容进行分析和讨论。准备好提示内容 1，即与象形字（包括"口""手""水""山""人""木""雨""鱼""日""月"）有关联的实物图片。有意识地选择这些图片也是为后面的提示内容作铺垫。

提示内容 1：与象形字相对应的实物图片

本课例的第一条提示内容是与象形字有关联的实物图片。当学生在思考焦点问题与实物图片之间的相关性时，可让学生讨论并说出每个实物的名称（可以用他们的母语），由此确定各组学生知道实物图片所描绘的对象。

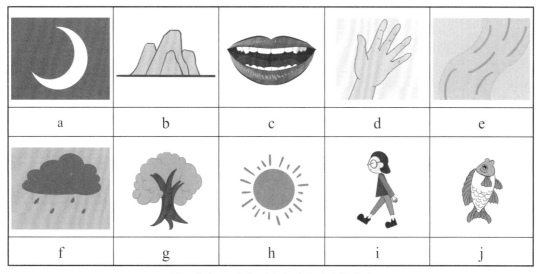

提示内容 1：与象形字相对应的实物图片

提示内容 2：象形字字符

提示内容 2 是象形字字符。一般而言，这些象形字字符会立即吸引学生的注意力，并激发他们的挑战性思维。这时，给学生一定的时间在小组中展开讨论，并要求学生比较提示内容 1 和提示内容 2，探寻它们之间的关联性（大约 3 分钟）。然后，要求每一个小组必须准备提出两个或更多的问题。这段时间内，教师需要在各小组之间巡逻，并留心倾听学生正在准备的问题。根据经验，教师此时一般能够大致决定如何安排各小组提问的顺序，这个顺序应有利于逐步增进学生对课程内容的了解，或有助于将他们引向焦点问题的答案。他们也许会问：这些字符和提示内容 1 中的实物很接近吧？是不是要找到与字符相对应的实物？……当小组讨论结束后，根据先前决定的顺序邀请各小组学生依次提问，一定要坚持只给出"是"或"否"的答案（请参阅第三章步骤 2 中的相关内容）。同时，要让每个小组都有机会提出问题，确保每个学生都能够听到各小组提出的问题和答案。教师要鼓励学生记录所提问题和相关内容，学生会从他们的记录内容中发现正在累积的真相。

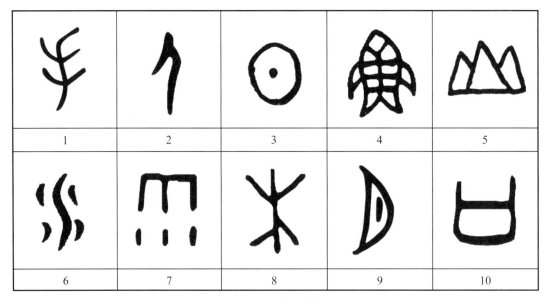

提示内容 2：象形字字符

提示内容 3：象形字字符与现代汉字

在确定学生了解了提示内容 1 实物图片和提示内容 2 象形字字符的关联和意思后，出示提示内容 3。这条提示内容要求学生寻找与左边字符相对应的现代汉字和偏旁。正如前面提到的，如果学生已经有了偏旁部首和汉字的基本概念，在本堂课的学习中，你就有可能更好地激励学生产生联想并找到答案。这个步骤主要用来评估学生是否初步理解了"象形文字是怎样产生的"这一问题。可让学生总结一下，提示内容 1 中的单个实物图像是怎样抽象成提示内容 2 中的字符，再怎样演变成提示内容 3 中的现代汉字的，这也就是象形字（pictogram）形成的过程。这种把实物的视觉轮廓或视觉特征抽象地描绘出来，形成实物之"象"与实物之"形"——对应的视觉符号，并由此逐渐发展起来的具有特定含义与发音的文字就称为象形字。课程进行到这里，学生基本知道了焦点问题的初步答案。

提示内容 3：象形字字符与现代汉字

提示内容4：会意字

这个时候教师出示提示内容4，让学生对比提示内容1中的实物图片和提示内容4中的实物图片，看看两者之间有什么联系。学生可能会提出许多问题，教师一定要坚持只给出"是"或"否"的答案。通过讨论，学生大致会了解也可以根据事物间的某种关系将某些汉字合并，并整合它们的意思。这种用两个或两个以上的独体字，根据字义之间的关系组合成的新字叫会意字。这条提示内容要求学生按照他们的理解找到与图片相对应的汉字，并在该汉字下方的空格中填入对应的数字，主要用来评估学生是否理解了会意造字法。

找到与下面图片对应的汉字，并在相应汉字下方的空格中填入数字。

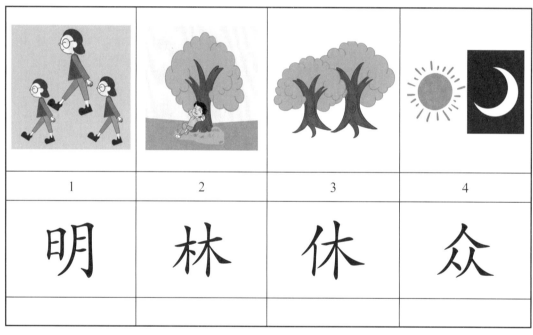

提示内容4：会意字

我们常常看到，在课程学习中，那些仔细倾听其他小组问题的学生往往会有一个明显的优势——听到其他小组的问题和答案，从中获得信息，从而有可能修改或改进自己的问题。教师应鼓励学生认真倾听，因为这是一种非常有效的课堂管理策略。

展示提示内容，各小组进行讨论，各小组依次提问，教师进行回答，这样一轮结束后，再以同样的方式继续展示余下的几条提示内容。你可以根据需要，选择轮换开启每轮提问的小组，这样的轮换意在为各小组提供相同的机会，并鼓励更多的学生积极参与到活动中来。

提示内容5：指示与指事字

接下来出示的是提示内容5。首先，教师要提醒学生注意提示内容5中的图片和红色的指示标记，它会给学生怎样的启发呢？就拿"刀"字来说，这是一把"刀"，红色箭头指的是"刀"的锋利部位，它要表达什么意思？学生可能有很多猜测，教师一定要坚持回答"是"或"否"。最终学生会通过讨论和联想找到"刀"上的指示箭头和"刀"字的关系，以及"刀"字与"刃"字的联系。甲骨文𠚤是刀头向右歪的一把刀，在其刃部加一个点儿，表明此处是刀刃所在。小篆𠚣大体与甲骨文的形体相似。隶变后楷书写作"刃"。以此类推，学生从提示内容1中已经知道象形字"木"表示树的意思，那么红色标记所指的树的根部是什么意思呢？……许慎在《说文解字》一书中提到："指事者，视而可识，察而可见，上下是也。"因无具体形象，故以象征性的符号来表示意义的造字方法就是指事。这条提示内容要求学生按照他们的理解找到与图片相对应的汉字，并在该汉字下方的空格中填入对应的数字，主要用来评估学生是否理解了指事造字法。

提示内容5：指示与指事字

**步骤 4：总结初步的结论**

课程进行到这里，我们建议暂停一下，邀请各小组总结出焦点问题的初步结论或答案。例如：从给予的提示内容中，你们推断出了几种造字方法？它们的特点是什么？教师可以要求每个小组写出一个句子或一条理论综述，作为对焦点问题答案的总结。同时教师需要在各小组之间巡视并观察，时不时地帮助学生修正用词，质疑一下他们假设的结论，或测试一下证据的可靠性，因为教师的主要责任是用不同的方式来引导学生。这个过程通常需要大约 10 分钟，但时间长短可能会根据学生的能力水平而有所不同。当各小组得出结论后，你可邀请每个小组中的一名成员上台在题板上写下答案，借此机会评估整个班级对课程内容的理解程度以及误读的偏差程度。当学生在题板上看到其他小组的结论时，他们的思维将得到进一步拓展。这种方式对班级中存在明显差异的小组特别有用。

一旦所有小组都在题板上写下初步结论，你就需要审视一下这些结论的准确性。切记一定不要直接地批评任何结论，即使它远远不够理想，毕竟这些结论是学生努力后的最佳结果。重点提醒学生或突显那个最接近最终答案的结论，并鼓励他们参考这些结论，对讨论过的提示内容作更深入的思考和发掘。

**步骤 5：继续展示和研讨余下的提示内容**

接下来，教师可以继续进行提问环节，直到所有提示内容展示完毕。同时要允许学生在后续环节随时修改自己的初步结论。提问可以使学生牢牢地抓住提示内容，并围绕着焦点问题进行更多思考、讨论和探索，从而初步归纳总结出象形、会意、指事造字法的定义。

当学生为自己已经找到焦点问题的答案而兴奋不已时，你可以告诉学生象形字、会意字、指事字是纯粹的表意文字，仍然没有超出象形字的范畴，并且只占现代汉字的 10% 左右。那么，还有哪些创造汉字的方法呢？

*提示内容 6：形声字的声符*

在学生理解了以上几种表意文字是怎样形成的之后，可以出示提示内容 6，让学生分析其中的特点。这条提示内容的目的是让学生找出这些字的共同点和不同点。学生很快会发现它们的右边都有一个"青"字，发出的都是"qing"这个音。教师可以告诉学生与这些字的发音发生联系的偏旁叫声旁，然后让学生从提示内容 6 中找出他们学过的偏旁，如"晴""清""蜻""鲭"等。

提示内容6：形声字的声符

提示内容7：形声字的形符

提示内容6中的那些字有着同样的发音，但在意思上并无共同之处。这时，教师不妨出示一组含有"虫"字偏旁的形声字，让学生讨论一下提示内容7中这些字的特点。学生可能很快就能了解蚂蚁、蝴蝶、蜻蜓、蚯蚓、蜘蛛、蝌蚪与"虫"字字义的联系。综合提示内容6中与字义发生联系的偏旁和与字音发生联系的偏旁，提示内容7中的"蜻"字应该发什么音？此时教师可以提醒一下学生在提示内容3中学习过的汉字偏旁部首的知识。那么"蜻"字左边表示什么呢？对了，左边是形旁"虫"，右边是声旁"青（qing）"，左形右声指的就是形声字。形声字中这种类型最多，几乎占现代常用形声字的80%。当然，形声字中还有右形左声、上形下声、下形上声、外形内声、内形外声，这些只占形声字的20%左右。需要说明的是，本课程的主要目的是让学生在教师的提示下，在不断的探索和思考中归纳出汉字造字法的规律，从而激励和吸引学生举一反三，认识和掌握更多的汉字。

提示内容 7：形声字的形符

### 步骤 6：修正完善结论并讨论

随着对课程内容理解的深入，可以要求学生重新审视他们原先的结论，并进行修改或完善。根据课堂剩余时间，可邀请 1~3 个小组的代表各自陈述焦点问题的答案，并引导学生就各提示内容之间的联系展开讨论。与此同时，也可以鼓励学生针对课程主题进行开放性提问，教师则可以利用这个机会，在回答的过程中将一些缺失的信息传递给学生。比如：由于语音的演变，有的形声字按照现代汉语语音来看，已经看不出是形声字了，如"骡"字；也由于字形的演变等原因，有的形旁已经不能正确表示某些形声字字义的类属了；等等。

### 步骤 7：评估与反馈

本课程的最后一个步骤是鼓励学生对自己的学习情况作出评估和意见反馈。可以使用第四讲的评估和反馈表格来完成。值得一提的是，在本课程中，学生自始至终在教师设计的探究式学习的理论框架中，围绕着焦点问题进行探索和研究。整个过程既充分发挥了他们的想象力和观察能力，增强了学习汉字的趣味性，又拓宽了他们学习中文的视野，从而提高了他们认识与应用汉字的能力。如果时间充裕的话，也可以组织学生进行一个如下所示的小测试，以此来评估他们对该探究课程的理解。

汉字造字法小测试：

1. 象形字（pictogram） 2. 指事字（ideogram） 3. 会意字（associative compounds） 4. 形声字（picto-phonetic）

| | | | | |
|---|---|---|---|---|
| 刃 | 木 | 林 | 休 | 明 |
| | | | | |
| 众 | 口 | 上 | 鲭 | 人 |
| | | | | |
| 雨 | 蚂 | 日 | 本 | 清 |
| | | | | |

# 参考文献

1. Alshraideh, M. (2009). The Effect of Suchman's Inquiry Model on Developing Critical Thinking Skills among University Students. International Journal of Applied Education Studies, 4(1), 58–69.

2. Aydeniz, M., Cihak, D. F., Graham, S. C., & Retinger, L. (2012). Using Inquiry-Based Instruction for Teaching Science to Students with Learning Disabilities. International Journal of Special Education, 27(2), 189–206.

3. Bergman, D. (2011). Synergistic Strategies: Science for ELL Is Science for ALL. Science Scope, 35(3), 40–44.

4. Bloom, B. S. (Ed.)(1983). Taxonomy of Educational Objectives: Book 1 Cognitive Domain. New York, NY: Longman, Inc.

5. Courtade, G. R., Browder, D. M., Spooner, F., & DiBiase, W. (2010). Training Teachers to Use an Inquiry-Based Task Analysis to Teach Science to Students with Moderate and Severe Disabilities. Education and Training in Autism and Developmental Disabilities, 45(3), 378–399.

6. Fradd, S. H., Lee, O., & Sutman, F. X. (2001). Promoting Science Literacy with English Language Learners Through Instructional Materials Development: A Case Study. Bilingual Research Journal, 25(4), 479–501.

7. Grosslight, L., Unger, C., Jay, E., & Smith, C. L. (1991). Understanding models and their use in science: Conceptions of middle and high school students and experts. Journal of Research in Science Teaching, 28(9), 799–822.

8. Gunter, M. A., Estes, T. H., & Schwab, J. (2003). Instruction: A Models Approach. Boston, MA: Allyn & Bacon.

9. Hansen, L. (2006). Strategies for ELL Success. Science and Children, 43(4), 22–25.

10. Herczog, M. (2013). Q and A about the College, Career and Civic Life (C3) Framework for Social Studies State Standards. Social Education, 77 (4), 218–219.

11. Jimenez, B. A., Browder, D. M., Spooner, F. , & DiBiase, W. (2012). Inclusive Inquiry Science Using Peer-Mediated Embedded Instruction for Students with Moderate Intellectual Disability. Exceptional Children, 78(3), 301−317.

12. Johnson, D. W., Johnson, R. T., & Holubec, E. J. (1990). Cooperative Learning in the Classroom. Alexandria, VA: Association for Supervision and Curriculum Development.

13. Johnson, D. W. & Johnson, R. T. (1999). Making Cooperative Learning Work. Theory into Practice, 38(2): 67−73.

14. Lewis, S., Lee, O., Cone, N., & Santau, A. (2010). Student Initiatives in Urban Elementary Science Classrooms. School Science and Mathematics, 110(3), 160−172.

15. Miller, B. (2012). Ensuring Meaningful Access to the Science Curriculum for Students with Significant Cognitive Disabilities. Teaching Exceptional Children, 44(6), 16−25.

16. Minner, D., Levy, A., & Century, J. (2010). Inquiry-Based Science Instruction—What Is It and Does It Matter? Results from a Research Synthesis Years 1984 to 2002. Journal of Research in Science Teaching, 47(4), 474−496.

17. Pray, L. & Monhardt, R. (2009). Sheltered Instruction Techniques for ELLs: Ways to Adapt Science Inquiry Lessons to Meet the Academic Needs of English Language Learners. Science and Children, 46(7), 34−38.

18. Yenawine, P. & Housen, A. (1999). Visual Thinking Strategies.

19. Ricketts, A. (2011). Using Inquiry to Break the Language Barrier: English Language Learners and Science Fairs. The Science Teacher, 78(8), 24−26.

20. Ruebush, L., Grossman, E., Miller, S., North, S., Schielack, J., & Simanek, E. (2010). Scientists' Perspective on Introducing Authentic Inquiry to High School Teachers During an Intensive Three-Week Summer Professional Development Experience. School Science and Mathematics, 109 (3), 162−174.

21. Feynman, R. (1999) .The Pleasure of Finding Things Out.

22. Schrenker, G. (1976). The Effects of an Inquiry Development Program on Elementary

School Children's Science Learning. PhD thesis. New York University.

23. Schwab, J. & Brandwein, P. (Ed.) (1962). The Teaching of Science: The Teaching of Science as Enquiry and Science in the Elementary School. Cambridge, MA: Harvard University Press.

24. Silva, C., Weinburgh, M., Malloy, R., Smith, K. H., & Marshall, J. N. (2012). Toward Integration: An Instructional Model of Science and Academic Language. Childhood Education, 88(2), 91–95.

25. Skloot, R. (2011). The Immortal Life of Henrietta Lacks. New York, NY: Random House Publishing.

26. Suchman, R. J. (1962). The elementary school training program in scientific inquiry. Report to the U.S. Office of Education, Project Title Ⅶ. University of Illinois Press.

27. Watt, S. J., Therrien, W. J., Kaldenberg, E., & Taylor, J. (2013). Promoting Inclusive Practices in Inquiry-Based Science Classrooms. Teaching Exceptional Children, 45(4), 40–48.

28. Willingham, D. (2010). Why Don't Students Like School?: A Cognitive Scientist Answers Questions About How the Mind Works and What It Means for the Classroom. San Francisco, CA: Jossey-Bass.